要讲述的故事可以依序逐步开展,而不只是杂乱无章地写出某些东西。我知道有些田野研究人员声称,他们的脑子里有着完整的研究架构,不需要费事把研究大纲写在纸上。当你经验老练之后,或许可以尝试看看。不过,在你还不够老练之前,最好还是老老实实把研究大纲写在纸上。

预先架构目录

预先架构目录(table of contents)(记得写作中要不断加以修订),就如同草拟大纲一样,也能发挥相同的功能。对我而言,架构目录的过程比草拟大纲“感觉”更像是在写作。尤其是某些论述需要分成若干章节来处理时,这种“在写作”的感觉就特别明显。目录的另一个好处是,可以不受大纲写法的形式规范拘束,因而得以自由规划自己的写作计划。由于我深信预先草拟目录,对组织任何大型的写作计划有相当的帮助,因此我总会要求每一位博士研究生在撰写论文计划时,都必须缴交一份暂定的目录。照常理,研究计划书在着手展开研究之前就必须准备好,所以他们通常的反应就会像这样:我都还没开始研究,怎么有可能把目录拟好呢?而我则是从不让步,并且提出进一步的要求:“还有,我希望你能够预估每个章节分别要用多少页。”

预先架构目录之后,学生们往往会从中学到许多意想不到的经验。他们最初几次的尝试多半会透露出,他们对于学位论文的结构抱有不少莫须有的僵化想法。也会看到许多他们以为不可动摇的论文规范,其实是画地自限的束缚。比方说,博硕士论文第二章似乎注定保留给传统的文献综述,但即便是我任教的这家许多方面墨守成规的研究所,也没有明文规定第二章一定要写文献综述;同时也没有任何规定坚持必须用单独一章,集中处理全部的文献综述材料(稍后在第4章我会讨论关于文献综述的一项议题,亦即如何通过文献的回顾,把你的研究和其他人的研究联结起来)。

预估目录各章节的页数

让学生在预想的目录中,针对根本还不存在的章节内容,凭空想象估算可能需要占用的篇幅页数,这种做法对他们有一项好处:学生可以从中领悟到自己对于所要写的论文内容,那种依稀有却说不出来但又越来越笃定的直觉感应。

通过预估给各项主要论题分配篇幅页数,平心而论,这种做法还有其他实质的效益。一般而言,质性/叙述性研究的写作,很容易就会超过预期的篇幅长度。如果能够预先评估各项主要论题所需的篇幅页数,不仅有助于整篇论文的完整性,同时也能够避免在引言部分着墨过多,像是"研究问题的意义与重要性"(Significance of the Problem),或是历史背景的信息提供,导致最后头重脚轻,原本应该是重头戏的实质内容报告,其所能使用的篇幅空间反倒受到过多的排挤、压缩。

预估分配章节页数的实质好处还在于,让学生有效规划写作字数。有些学生很容易就把学位论文写得过于冗长,若是偏不信邪,事前没有预先虚拟章节架构,也没有预估分配的章节页数,硬要摸黑过河的结果就是——绞尽脑汁,好不容易挤出的是一篇又一篇既臭又长的草稿,每个版本堆起来厚厚的一大叠,就算有再深再大的口袋也全给挤爆了。

曾饱尝如此苦果之人,应该更懂得领略预估分配章节页数的价值,也更有动力自我节制,落实精简用字的写法。再者,一般研究生也很少理解到,以后若要写作学术文章,几乎不太可能不受篇幅字数限制地自由发挥。学术期刊的征稿启事通常会声明论文稿件的篇幅限制,而且几乎无一例外,编辑会把超过字数上限的稿件退回(唉,我的稿子就有过这样的遭遇),并附上一句:"字数超过限度,请删减。"

书籍编辑发出的邀稿声明,通常会设定字数上限。目前出版社的普遍做法是告知作者,书只能写多长。虽然照道理讲,应该是反过来,由作者知会出版社才比较合情合理。以本书为例,当初 SAGE 出版社给的指示就是,质性研究方法系列丛书的专论作品,草稿长度必须遵循下述规定:"双倍行高,100 至 120 页稿纸,换算成印刷本的篇幅,大约是 80 至 90 页。"到了第二版时,由于是"增修版",想当然尔,内容和篇幅应该都需要扩充、增长。所以，我就自作主张，不理会篇幅的限制，放手越写越多。写到后来，编辑果然就开口说话了。他问我，真的需要额外补充那么多东西吗？

当我们把必须处理的主题逐一列示清楚，也硬着头皮，凭空想象，为各章节分配好页数，一切大致定位，很清楚地摆在眼前之后，出乎预期的状况就发生了。稿子内容都还没个影子，我们就已然惊觉大势不妙：是啊，照这样东割西切下来，还能剩余多少页数让特别需要详尽细节的叙述性/质性研究报告发挥啊？

对于以观察或访谈资料为基础的质性研究，架构一份目录，并且附上预估的章节页数，一直都是研究者必须面对的重要挑战，而且也经常让人陷入进退维谷的困境。因为就写作叙述性研究而言，最主要的问题不是如何取得资料，而是如何割舍资料！东西写出来之后，接下来必然就得面临痛苦的筛选工作，以便将字数删减到可以管理的限度。写作是要交流精华，而不是如数奉上堆积如山的无分珠玉糟粕的资料，以为只有如此才能证明自己已呕心沥血把问题研究透彻。

研究报告越倾向于让信息提供者提供自己对于意义与事件的诠释[亦即人类学所谓的“局内人”（emic）的理解观点]，那么就越有可能把陈述篇幅拖得过于冗长，而那不只会浇熄读者的兴致，恐怕也会搞得有合作意愿的出版社大打退堂鼓。因为，研究报告的篇幅越长，出版制作经费就越高，连带地，高定价会阻碍一些读者购书，出版的风险就会相应提高不少。

行之有效的写作计划的第三要素：确定你的基本“故事”与“声音”

写作计划的第三项构成要件，就是决定你所要说的基本故事（basic story）是什么？谁担任主述者的角色？以及你打算采用哪种写作风格，以兹安排叙述当中观察者与被观察者的相对角色关系？这些都不需要写出来，但需要花时间好好想清楚。

就民族志或质性研究普遍采用的写作风格而言，其中有三大类写作风格受到相当广泛的讨论，分别是写实主义（Realist）、自我告白

(Confessional)、印象主义(Impressionist)。这三大类"叙事写法"(narrative conventions)的讨论,首见于约翰·范梅南(John Van Manen)的《田野故事:论民族志写作》(*Tales of the Field*: *On Writing Ethnography*, 1988)。此书上市之后,一时洛阳纸贵,原本乏人问津的质性研究写作风格相关问题,在此书激发之下,开启了长达十数年的热烈争辩。

对于质性研究而言,作者的声音(authorial voice)乃是一个相当关键的问题。[1] 当研究的焦点是关于单一或少数个人的生活,而且信息提供者又有能力主述他们的故事时,问题就更复杂了。研究者必须慎重考量,是否应该让读者知悉研究者在访谈、观察与述说等过程中的存在或介入。量化研究,以及以"科学的质性研究"自诩的研究人员,在写作时通常会让研究客体独自扛起述说的全部责任,也就是说,研究者会彻底隐身,而让故事的主人或"研究发现"自行发声捍卫自己的故事,从而让研究结果读起来似乎没有被人动过手脚,尤其是没有受到研究者情意因素的干扰或介入。

质性研究取径带来了一种机会,同时也是一种挑战。一方面,要改变过去把人们视为研究对象或客体的看法与做法,恢复他们和研究者平起平坐的地位;另一方面,也要改变研究者对自身角色的看法,不是我们以他们为对象,由我们来研究关于他们的事情(research on them),而是我们置身于他们之间(research among others),大家共同来研究(我们)周遭的事情。

田野研究人员通常会发现,由研究者采取主述者或旁白者的角色,比让信息提供者现身说法,完全用他们(第三人称)的说法来叙述他们的故事,更有效率。著名的例子包括:利奥·西蒙斯(Leo Simmons)的《太阳酋长:一位霍皮族印地安人的自传》(*Sun Chief*: *The Autobiography of a Hopi Indian*, 1942),以及奥斯卡·刘易斯(Oscar Lewis)的《桑契斯的孩子:一个墨西哥家庭的自传》(*Children of Sanchez*: *Autobiography of a Mexican Family*, 1961),这些经典名著当年都是各自领域破天荒首创先例的杰作。但是田野研究的传统,一向比较偏好让信息提供者作为主述者的角色,用他们的说法来叙述他们的故事,尤其生活史研究,更是普遍遵循如此的传统(书籍或专论的例子,请参阅 Behar, 1992; Crapanzano, 1980; Shostak, 1981, 期刊论文的例子,请参阅 HFW,

1983a)。

在质性研究的报告中,研究人员通常扮演了不可分割的重要角色,因此我总是以第一人称的方式来撰写叙述的文句,并且鼓励其他人也采用相同的写法。我明白,有一些学者与学术刊物编辑仍然坚持,学术论文应该以第三人称来书写。早些年我就有过两次亲身经验,期刊编辑并未征得我的同意就直接把我的稿件改写成第三人称的语法,而且连知会我一声的起码功夫也省了。我想,这样的习惯做法反映出一种根深蒂固的信念:相信去个人化的文字(impersonal language)有助于作者巩固客观的真相。

我知道,有些人认为甚至是坚持,学术写作不宜出现诸如"我们""我"之类不太科学的字眼,最好能够以"参与者"或"观察者"取代之。但是,"笔者"至今尚未完全信服我辈必须服膺如此的科学天命召唤。* 我认为,对于质性研究写作而言,更迫切需要的准则应该是,写作规范与质性研究规范之间的相互匹配。**我们必须正视研究者在质性研究中所扮演的观察者角色的本质,并且了解他或她的主观看法与感受在质性研究工作中的影响**。了解之余,我们就应该更能体会,质性研究的写作应该特别重视让读者清楚意识到这些角色的存在。就此而言,以第一人称来写作,有助于作者达成上述的诸多重要目的。对于质性研究报告写作而言,第一人称应该是必须遵守的原则,而不是例外。

读书的人 vs. 写书的人

我越来越相信,个人生活与书写文字有密切关联的人,粗略可以分成两大类:一类是读书的人,另一类是写作的人(我知道,阅读/写作当然是过度简化的二分法)。

我们都很清楚,有许多能够读书、写字的人,他们在平常生活中既不读书也不写作。另外还有一些人则是不论读书、写作,两方面都有相当出色的成就。至于大多数的人,就我所知,尤其是那些基于职业需求

* 【译者补述】:这个冠上引号的"笔者",显然是个反讽写法,用来取代"我"这个被认为不够"科学"、不够"学术性"的字眼。

而必须持续和书写文字打交道的人士,通常就是往这两个端点的其中一端发展;换言之,有一些人变成书写文字的消费者,另外一些人则变成书写文字的生产者,而不是兼融两种角色。

你对自己有何看法呢?你认为自己是属于消费文字的读书人,还是生产文字的写作者?我知道,这种二分法过度简化,不怎么合理,但我把自己划为不太算读书的人。这倒不是说我完全不读书,而是说,在学术社群各种读书人(学者、教师、研究人员、学生)当中,我既不算是饱览群书,也称不上是嗜读如痴。一直以来,我只是恪尽本分,还算认真地念过成千上万页的文字。每一年都得读上好几千页的文章——学生的作业、博硕士论文、报告、手稿,以及来自出版社、同僚、研究赞助机构、教授晋升审核委员会的出版计划书,还有专业期刊(感谢那些专业书评的指引),以及为了跟上时代脚步(或是起码装个样子)而用力浏览的时新杂志与书刊。除了每天的报纸之外,我的阅读绝大部分都与专业有关,而这其中有很多是极为枯燥乏味的。一直等到现在我退休了,才比较有闲工夫真正享受阅读的乐趣。

我读自己分内必须读的相关文章,我写自己认为言之有物的重要事物。这或许可以解释为什么我会感觉田野研究如此深得我心:因为在田野研究中,我可以主动投入参与,亲身去观看、聆听与思索,所有过程全都是我第一手的经历,而不是被动地接收二手的信息。我不会羡慕有些学界同僚,他们的研究最远只需要跑到图书馆,或是盯着眼前的电脑屏幕。我认为最有效的阅读,就是我在投入田野研究期间,或我在准备写稿期间进行的阅读。写作让作者/研究者有所目的与焦点,据以探寻新的资料来源,以及回顾检讨既有的资料。再者,目的与焦点就像是挂钉或木桩一样,可供悬挂相关的想法或概念,并且以兹为基础,决定哪些想法或概念该保留,哪些又该割舍。

早鸟写作

请读者注意:任何时候下笔,都不会嫌太早。千真万确就是这样,不用怀疑我只是随口说说而已。这么说是否就代表我们有可能在还没投入田野进行任何观察或访谈之前,就写下第一版的论文草稿呢?一点也没错。且容我慢慢说来给你听。

俗话都说,写作反映思考。但我个人倒是比较钟情于另一种更为强烈的观点:**写作就是思考**[关于这方面的讨论,请另行参阅理查森(L. Richardson,2000)]。或者,用更严谨的话说就是,写作是吾人思考所可能采用的一种方式[请另行参阅贝克尔(Becker,1986,p. ix),书中另外又引述了 Flower,1979;Flower & Hayes,1981]。如果写作的人非得等到思考"全盘透彻"才肯开始动笔,那就必须自行承担永远写不了的风险。

而这也就是贝克尔希望读者明白的道理,"不要一直在写作的准备上虚耗,或是反复斟酌究竟要怎么写才好。直截了当把草稿写出来,这才是重点所在"(Becker,1986,p. 56)。

写作不只可以让个人从中发掘自己正在思索的问题,也可以揭显自己知识或思考的不足之处。不过,那也意味着,我们必须有心理准备,因为只要你写不出东西,那可就是当场原形毕露——你就是脑袋空空没有任何想法的现行犯。

我们不应该忽视如下事实:有时候,我们的写作进行得不太顺遂,我们脑子里似乎有些模糊未明的想法,可是一时之间,就是找不到适当的办法得以顺利地诉诸文字。在我来看,正是这种不确定的环节,成了一道区隔"读书的人"和"写作的人"的分水岭。落在"读书的人"一边的研究者,一心只想读得更多,他们永远嫌自己所学还不够充分,只要有任何地方还没"彻底"弄明白,他们就无法安心投入写作。而事实上,永远也不可能会有彻底弄明白的一天。

就学术追求严谨或透彻的追根究底而言,他们这种一丝不苟的态度,确实也反映出诚实认真的一面,我们除了敬畏与尊重之外,也应该理解他们的用心良苦,甚至报以怜惜之情。田野研究工作者中很容易发现这种类型的人:田野研究截止日期都已经迫在眉睫了,他们却还是一味坚持,说还没有足够的材料可以开始动笔写作。"我还没有完全准备好!"在这种熟悉的自我开脱词里,总掺杂了那么一丝让人既敬又怜的谦卑意味。

你可还记得,李察·华伦形容写作是一种傲慢自大的举动?这么说吧,如果你明知道自己还没有彻底弄清楚所应该掌握的主题,那你如何还能够傲慢得起来，开始动手去写那些一知半解的东西？

也许克利福德·格尔茨(Clifford Geertz)下面一席话，可以让我们低落的士气稍微提振些。“不必等到所有事情都明白之后，才能开始去理解某些事情”(Geertz,1973,p. 20)。如果你对于前述问题的答复是——你需要到图书馆再读上六本书，或是在田野再多待上六个星期，然后你才会准备好，那么你可能就拥有“追根究底”(thoroughness)的好特质。不过，我也因此怀疑你大概不会是胜任有余的写作者。

如果你确实有东西不吐不快，你能否现在就坐下来(为什么今天不行?)，马上动手开始写作？(就是现在，甚至根本不需要等到读完这本书或这一章，马上就可以动手开始写。不过，如果你现在是在逛书店，或许你可以考虑把这本书买下来，带回家好好读一读。你难道不会一直惦念着这本书的葫芦里究竟卖了些什么药?)

我知道，有些人想东想西，一延再延，就是没办法把质性/叙述性研究写出来。还有些人绞尽脑汁，仍然搞不懂如何可能在投入(田野)研究工作之前，就开始下笔撰写该项研究。在此，我提供一条简单明了的建议：先写一份初探研究的草稿，然后再进入田野开始研究。

请注意，当你听取我的建议写了初探草稿之后，就留着自己参考，并不需要拿给别人看。而且，我打从心底相信，任何时候下笔都不会嫌太早。几乎每一位教导如何写作的人，都会给予相同的建议。让我们来听听米尔顿·洛马斯克(Milton Lomask)写给有志成为传记作家的人的建言：“别管你目前的研究进度走到哪儿，只要你脑子里有一些题材开始汇聚成形，就下笔写吧……将东西写下来，你永远有机会修改。”(1987,pp. 26、27)

有很长一段时间，我一直以为这个想法(在田野研究没开始之前就先行写作)是我自己最早想出来的。直到最近我才发现，其实早在半世纪之前，人类学家索尔·塔克斯(Sol Tax)就已经给自己的学生提出了类似的建议。后来，他的门生爱德华·布鲁纳(Edward Bruner)在自己的著作中，提及这个想法(Bruner,1986,p. 147)，并且依照他对塔克斯原意的理解，进一步予以扩充阐述：

> 当初这个想法所陈述的精神，乃是强调我们应该说出我

> 们已知的,然后再走入田野,更深入去测试/查验/发展这些想法,如果这些想法不合乎实情,则予以舍弃……
>
> 当时,我并没有在投入田野研究之前,就真正开始写我的学位论文,不过,索尔的建议倒是给我留下了相当深刻的印象……它让你特别能够注意到你在田野研究所发现的新事物。所以,这项建议确实是很可行的,只不过我当时不认为有任何人真的会如此做。(爱德华·布鲁纳,私下言论,1999)

“早鸟写作”(early bird writing)有个可能的优点就是,让我们特别关注那些预期会发现的事物。就像先前提及的“预设目录”一样,它让我们特别关注文章的格式、顺序、篇幅,以及焦点。同时也奠定研究的基础线,或是出发点。通过早鸟写作,你写下了你所相信的事实或理念,由此你也记录了自己存在的若干偏见或预设,如果没有用具体的文字叙述,很可能就会以含糊不清的抽象想法继续蒙混而过。早鸟写作鼓励你通过条理分明的方式,清楚罗列出你已经知道的、你需要知道的,以及你计划如何获得你所需要知道的。

你可能还会发现,在开始投入研究之前,先叙述你对于该项主题所相信的事情,是让自己开始下笔写作的一个不错的出发点。尤其是有些“众所周知的事情”,结果却被证明并不正确或有欠周全。在开始实质研究之前,先把这些想法写下来,确实不失为一个不错的切入点。事实上,我们几乎都低估了自己对于个人专业上任何感兴趣主题所拥有的知识(也可能只是先入为主的成见)。通过写作的方式,我们可以探查自己所拥有的信息储备(也包括偏差不实的信息)。

找同僚一块儿聊天,是另外一种方式,虽然不见得同样有效。我们应该和同僚谈谈我们的研究想法,同时也鼓励他们分享个人的研究想法。但是,在文字堆里打滚多年的人,通常早就练就一口避重就轻的谈话本事。于是,一方面我们像条滑不溜丢的泥鳅,不需要太费力就能让自己摆脱似乎无法合理说清楚的问题(non sequitur),但是另一方面,我们却也可能因此让自己陷入有理说不清的语言泥淖中。写作提供了一个精准而且个人化的方式,可以让我们清楚看穿为了权宜方便而故意闪烁其词的说法,从而得以如实捕捉和辨认那些隐身在说法背后的想法。

这套“早鸟写作”的做法,我自己是否有亲身践行呢?是的,我是这么做的,不过方式稍微有所调整。除了我的学位论文研究(HFW,1964,那也是我开山首航的田野研究,研究的是加拿大西岸一个印地安部落与部落学校),之后我所有的研究都是采取早鸟写作的做法。我还记得当年做学位论文,田野研究工作结束之后,我根本毫无头绪,完全不知道该如何开始下笔写论文。而那之后我所有的研究,我则发现,一旦动笔写作,自然就有办法逐步厘清我对于研究的主题已经有哪些理解,还有哪些地方是我需要设法弄明白的。

早鸟写作必须配合一种意愿:必须愿意,只要想到点什么就立刻写下来。不过我发现,要完全做到这一点并不容易。因此,对于那些犹犹豫豫不敢开始下笔的研究者,我的建议就是,当下(就是现在此刻!)立即开始去写。不过我自己的情况有些不同,这是因为我发现自己总是迫不及待要开始动笔写作,因此除了田野笔记必须当场记录之外,我总是得设法按兵不动,尽量把开始动笔写作的时机往后延宕。在动笔写草稿之前,我先把心力聚焦在紧接前行的一个阶段:“拟订简明纲要”(tight outlining)。在此阶段,我做的事情包括:找寻信息来源、概念、事例、顺序,并把一切东西准备就绪,以方便启动接下来的阶段:早鸟写作。我不再担心自己是否写得出东西,因为我知道我一定可以。除非你像我一样自信,否则还是尽早开始吧。

这儿,有个早鸟写作的例子,当事人是我的一个博士生本·希尔(Ben Hill):

> 除了预设目录依照哈利·沃尔科特的建议之外,我的民族志写作中的最大冲劲来自哈利颠覆传统的主张:在进入田野之前,就先完成学位论文的初稿。
>
> 这样一个想法——倒不是说我有认真考虑要这么做——民族志研究者可以在做田野工作之前,就先行写作初稿,让我很惊喜,因为这么一来,我就不是一张白纸,完全从零开始。我对于自己要写作的民族志,不论是内容、组织方式、写作风格等,都有个人的偏好取向。关于我到日本之后会遇上什么

样的人、事、物，会学到哪些事情，我心中都有了许多想象，有些确实有迹可寻，有些则是凭空乱想。我知道自己有某些偏见，那使我惯于挑选访谈某些特定类型的信息提供者，也让我倾向于做出某些特定导向的结论。

可以这么说，我脑海中已经拥有一份研究底稿，只不过那是没有写出来的“第零版的草稿”(zero draft)。有了这份底稿作为研究的基础，接下来该做的就不像是拓荒般的探索与发现，而像是编辑文书，在文章的增删修订过程中，最后的作品就会逐渐浮现完成。(Hill，1993，pp. 102-103)

自由书写

有许多不同的途径确保你能够顺利让写作“出发上路”(get going)。对于还未形成特定写作习惯的研究人员，我的建议就是：让文字流泻而出，而且绝对不要做任何的修正，不要订正错别字，不要检查参考文献是否正确无误，甚至也不要重读你刚写下的东西，就是马不停蹄地一直让字句源源不绝写出来(这种书写技巧就是所谓的“自由书写”(free writing)。有关自由书写的详细讨论，请参阅贝克尔(Becker，1986)的第三章——强迫你自己“连续不中断，写上 10 分钟”。另外，也请参阅艾尔鲍(Elbow，1981，pp. 13-19)。

随着神奇的文书处理软件日益普及，书写、校对和修正都变得非常方便，而自由书写也成为每个人都能轻易做到的事情。不管你是否偏好自己对自己一个人说话(或是对自己一个人书写)，请记住，你的电脑随时都可听候差遣，所以尽管放手写下任何字句，当下的对错好坏都不需理会，日后自然可以打开电脑文件，再来有系统地加以校对、修改、润饰使其成为完整且合乎文法与章法的文字。

当然，文书处理软件也衍生了若干独特的问题，其中之一在阅读学生作业时尤其明显(当然，也包括若干同僚的作品)。用电脑写作固然写得比较快，但不必然写得比较好。电脑使得修稿与检查拼写错误变得相对轻松，但是这样的便利性却也让人忽略了检查错别字的工作。

急就章的写作，再加上急就章的校对，明明是还需要更审慎地修改与润饰的初版草稿，但是印订出来之后，往往被直接当作最后定稿，甚至还认为这就等同于“付梓出版”的文章。在我看来，学生应付课业的写作，毫无疑问是培养良好写作能力与习惯的最糟糕途径。

学生的作业通常都是急就章，一稿到底，既没有时间，也没有动机去反思检讨、校阅修稿，整个过程是个短回路。我们希望学生能够拥有写作的能力，却又鲜少提供机会让他们能够培养或练习比较好的写作习惯。

我身为老师，为了弥补学生写作的这种缺失，找到一种不错的做法，就是提供给学生我戏称为“早起鸟儿”的机会：学生如果能够比规定的期限提早若干时日缴交报告的工作草稿，我就会针对他们的草稿提供修稿建议（我已经不采用考试很多年了，取而代之的是多次的、短篇幅的读书报告或研究报告。我有兴趣知道的是学生能够做些什么，而不是他们能够记忆什么）。我提供的修稿建议或许会有些助益，但是对学生最大的好处应该是让他们仍然有充裕的时间，可以用来自行反思检讨、校阅修稿。

铁血纪律的书写

与自由书写相对的就是铁血纪律的书写，采取这种方式的写作者可以被称为“铁血型写作者”（bleeders）。我不清楚这个名词的由来，只依稀记得好像有个名叫雷德·史密斯（Red Smith）的体育记者，曾经写过这么一段话：“写作没有什么秘诀，就是坐在打字机前面，让血管敞开就对了。”

铁血型写作者对于写作总是步步为营，如履薄冰。他们纪律化的写作方式，多少反映出个人对于写作的自信，一丝不苟的讲究，另外再加上某种近乎一板一眼的人格特质（神经质？龟毛?）。他们对于每一个句子都放心不下，反复一改再改，非等到完全满意了才会开始写下一句。每个句子一旦写定了，差不多就近乎完稿的程度。在过去，铁血型写作者通常是拿铅笔或钢笔写作，以便在旧稿上用橡皮擦或修正液涂改，或是在字里行间的空隙插入修订的字句。铁血型写作者多数写得比较慢,但是总能完成任务。

通常他们会设定每天写多少字数或页数作为目标,譬如:彼德·伍兹给自己设定的"标准生产率"是每天写五页,相当于一千个英文词(Woods,1985,p.93)。至于我们大部分的人,通常是用时间段落来设定目标,而较少采取预定字数或页数的目标。就写作质性研究而言,用页数来衡量生产量可能无法有效反映写作的进展。我们可能某天写了十页的叙述文字,但是隔天却为了诠释十个句子而挣扎不定。

不论如何,如果你发觉自己有铁血型写作者倾向,没办法想象自己可以随性所致就开始提笔撰写初稿,而且也没办法不用考虑太多就大刀阔斧砍去不适当的内容,那么,你或许比较适合先着手架构一份明晰而详细的写作大纲(或是目录),这样速度也许会缓慢些,不过应该可以确保你稳扎稳打,顺利完成初稿。

一般而言,你通常会在上述两种写作类型之间来回跳换。你的写作进展可能和心情好坏或是精力兴衰有关,难免会有高低起伏的波动。但主要还是跟你手边正在进行的写作题材,以及你先前的写作经验有关。以我个人写作的情况为例,有时文思泉涌,下笔毫无阻碍;有时也可能慢如蜗牛,这情形通常发生在我苦思某些问题而不得其解,或是找不出适当诠释的时候。这种时候,我就会放下电脑键盘,回头取出我的原子笔和黄色活页纸,回归原始,希翼笔尖能多少挤出些东西。

在《为社会科学家而写》(*Writing for Social Scientists*)一书中,作者霍华德·贝克尔为其中第三章起了个十足讨喜的反讽标题:"万无一失的写作捷径"(One Right Way)。他要强调的是,任何有经验的写作者一看就能明白,这世上根本不存在如此的方法!另外,彼德·艾尔鲍的《强力写作》(*Writing With Power*)中也有异曲同工的一章"险路勿近:一下笔就天衣无缝"(The Dangerous Method:Trying to Write It Right the First Time,Elbow,1981:第六章),作者更是挑明了这种写法的危险,以免读者没能体会其中的反讽意味。

总之,不管是什么步骤或策略,只要能让你把想法写成书面文字,对你而言就都是恰当的方法。假以时日,这些文字总能够改写成比较圆润而条理连贯的初稿。至于急就章的写法,就保留给电子邮件吧——不过,嘿,就算是写电子邮件,也应该妥善校对。

从何处开始写起

如果你已经相当清楚写作计划应该如何向前开展,或是你在开始投入研究之前,就已经着手写了研究初探的草稿,那么写作就已经是你研究活动当中必然的一环,恭喜你！你的出发点已经处于有利的地位。但是也不要因此期待一切可以简简单单就水到渠成。如果毫不费力就能轻松达成如此结果,坊间就不会有成堆指导写作的书籍与课程,读者也不会一窝蜂巴望着高人指点成功写作的诀窍。

假设你是属于那种超级保守的研究人员,面对质性研究途中出现的各种探索与发掘的挑战,总是抱着战战兢兢的态度,丝毫不敢轻忽。你的出发点就是先拟出一个宽松界定的研究目的,并且承认你还不确定自己到底想要找寻些什么明确的目标。为了确信自己的研究绝对客观,你会坚定地摒弃直觉,也不会让疑惑动摇你的研究,甚至对于像人类学家布罗尼斯拉夫·马林诺夫斯基(Branislaw Malinowski,1922,p.9)那样的"前影问题"(foreshadowed problems)也敬谢不敏。似乎只有等到田野研究工作已差不多都完成了,你才适合把注意力转向写作。[真糟糕,怎么会误以为马林诺夫斯基有如此主张,事实上,他建议的是写作应该尽早开始,而且在研究与写作同步进行的过程当中,"(理论)建构的努力与实证的验证之间,不断相互牵动"(p.13)。]*

该从何处着手开始写作呢？先前提到《爱丽丝梦游奇境》的时候,

---

* 【译者补述】:怎么会有"在前面的影子"(fore shadow)这样一种说法呢？之所以称为"前影"问题,乃是由于研究对象在研究之前尚未具体成型,不足以形成尾随实体背后的"背影",只能依照相关的文献或信息,虚拟出非以实质内容为根据的暂行研究问题,因此就取名叫作"前影问题"。然后开始展开田野工作,逐渐搜集事实资料,充实研究对象的实质内容,并根据浮现的模态,试着建构理论模式。在此期间,理论的建构与实证资料的验证之间,不断交互牵动,由于实体(研究对象)已经逐渐浮现成型,因此前影(研究问题)自然也随之而有持续的变动,影缺空洞的地方需要搜寻新的资料予以补足,而新的问题也可能因应而生。情况理想的话,最后飘忽不实的前影问题就会和研究对象的具体内涵聚合为一。不过,实际上,研究对象永远都有补充与修正的空间,不可能达到百分之百的"精确度与完整性"(exactitude and completeness)(Malinowski,1922,p.13)。所以,严格说来,研究问题无可避免地始终都保有"前影"的属性。

我建议你，从起点开始出发，然后持续进发直到终点停下来，就大功告成了。对于如何阅读一本已完成的作品，这个建议倒是挺实用的，但如果你还没弄明白到底该从哪儿开始写起，那么这个建议可能就帮不上什么忙。接下来我会建议若干可能的写作起点。

若干适合的写作起点

第一个适合的写作起点就是，从你首次踏入研究场域开始写起，然后依照时间顺序，记录报导后续的事件。另外一个适合的起点就是叙述田野记录，但是尽量不要太突显你在田野现场的出现或介入。再一个做法就是，从研究最后可能获得的结果或结论开始。

选择从结果或结论开始写，那你要么是深谙研究写作的老手，要么是误把质性研究当成"搜集资料以支持你的某些观点或立场"的菜鸟。如果你抱着社会运动人士的理想，致力于追求你的研究能够利于推动社会改革，那你就必须忠实揭显你热情追求的志向，并且以严谨的标准来检视。

你也许可以先写你个人的故事，借着叙述你与研究的结缘始末，让读者认识该项研究。你可以视情况需要，适度往前追溯，给读者一个清晰可循的脉络背景。一开始，你不妨先描写你是如何对该项研究议题发生兴趣的，或是你最初怎么开始接触你的研究场域。这样，你搞明白了自己研究的来龙去脉，而你的读者或许也会有兴趣想知道下文。你可以顺着时间顺序，叙述当初促使你踏入该研究场域的情形，带领读者和你一同重新走一遭。用这种时间顺序来展开你的故事，应该是很自然的，且读者读起来也比较容易进入情境。

从研究方法开始写起

你可能会发现，描写田野研究的工作颇容易让人越写越细。如果处于写作的开始阶段，这么写其实也没有什么害处，尤其是这样的写法很可能可以帮助你"找到感觉"（way in，指摸索出写研究实质内容的门路）。不过，就像我在第 4 章会提出的，我建议你在最后的完稿当中，不要花费太多篇幅来讨论"研究方法"。如果你觉得有很多关于研究方法的东西一定要讨论,譬如:一般性的方法议题,或是你如何执行研究,或是某项特定研究的资料分析做法,那么你或许可以考虑把这些东西写成另外一篇文章。过去,我们曾经有义务提供解释说明,以辩护质性研究及其使用的技术。但是现在已经不再需要去辩护质性研究,或是详尽解释你所使用的"质性研究方法"了。

时势发展甚速,今昔已有大变。1966 年,我开始进行《校长办公室里的那个人:一项民族志研究》(HFW,1973)* 的田野研究工作。一年后,田野研究仍然继续,不过工作量轻了些,于是我开始投入写作。我不但一开始就从研究方法写起,而且还把它放在第一章,并且写下了一个自作聪明的标题:"A Principal Investigator in Search of a Principal"("研究之长探寻一校之长")。当时我觉得很有必要先解释清楚我采用的民族志研究法,也可以说是辩护或捍卫吧!在另外一篇根据该研究而写的文章中,我也做了相同的事:首先把田野研究的执行过程详加解释说明,然后才开始呈现叙述性的内容(HFW,1974b)。

现在我的做法是把关于研究方法的讨论放在专论的附录里,长度大概就是一章,有时甚至一节也足够。我是觉得,如果你一直绕着研究方法写,不管是谁在你身后看(编辑也好,论文指导教授也罢),八成都会希望你写少,而不是写多(如果不信,你大可直接向他们问个清楚!)。

你的读者不需要长篇大论的内容来告诉他们,像你这样的研究通常是怎么进行的。他们需要你告诉他们的是,你这份研究根据的是什么样的资料,还有研究资料的范围、研究执行的确切时间。如果是你亲自进行田野工作,你的投入程度如何?就田野研究传统而言,最好是能够住在田野研究的所在地点。你呢,是住在当地,还是通车往返(像我自己最近几年都是通车往返)?资料当中,访谈占多大比率?还有,就你的研究目的而言,访谈占了全部资料的多少比率?而访谈又包含哪

* 【译者补述】英文书名:*The Man in the Principal's office*: *An Ethnography*。《校长办公室里的那个人:一种民族志》,白亦方译,台北市师大书苑 2001 年出版。书中将第一章标题:"A Principal Investigator in Search of a Principal",采用意译方式翻译为"寻找一位校长的主要调查者"。(该书简体中文版已由重庆大学出版社引进)

些组成元素?

你可能也会想要谈一些你“三角检验”(triangulating)研究资料的做法。这种核对多重资料来源的交叉检验方式,常常被视为保障田野研究严谨度的一种程序。在研究方法的课堂上,三角检验的理念听起来确实是很理想的,不过在田野实际应用时就会产生许多问题。你不妨等到信息提供者发现你在查证他们提供的讯息时,那时再和他们做三角检验也不迟!而且,到时候你可能还得设法解决一道伤脑筋的难题:如何能够在不得罪信息提供者的情况下,顺利完成资料真实性的检验?

资料要放在什么地方,采用什么方式来呈现,基本上取决于个人的偏好与习惯。不过,重点应该是开诚布公,摊开摆在读者面前交代清楚。但是,就如我在第6章会谈到的,摆在读者面前并不代表就必须摆到文章开头的地方来讲。

不管你在论文的哪个部分说明你的研究策略,我认为,一个明智的做法是,检查是否有使用泛称的语句——这种语句可能让读者认为文章叙述的事情背后并没有真正可兹查证的人物,甚至怀疑会不会只是作者自己想当然尔编写出来的一般印象或想法。所以,当你发现有这类语句的时候,建议你适度改写。比方说,如果你写的是“有村民说……”(哪位村民啊?该不会是作者自己凭空想象的吧?),不妨试着改写成“有村民××说……”这样的写法或许有些陈腔滥调,但是并不会损害论文的学术水平。

另外还有一个比较理想化的指导原则,就是泰勒和波格丹长期倡议的主张:“你必须给读者提供足够的信息,好让他们了解你的研究是如何进行的,这样,他们心里有底,才知道如何给你的研究发现打分”(Taylor & Bogdan,1984,p. 150;另外关于质性研究如何建立可信度的讨论,请参阅 Lincoln & Guba,1985,pp. 289-331;Denzin & Lincoln,2000,p. 158*)。还有爱因斯坦,他对于观察所得证据的效力,看法也极度审慎而多有保留。他说:“证据再多,也不足以证明我是对的;但哪怕只有一个证据,也足以证明我是错的。”(转述自 Miles & Huberman,1984,p. 242)

* 该书中译本《质性研究手册》,已由重庆大学出版社引进出版。——编者注

从叙述开始写起

叙述你是怎么着手执行研究的,这对于写作而言,是个不错的起步点。而且就算只是草稿,起码有一节的内容已经完成了,多少也能够让自己宽心些。如果你不打算依照事件发生的时序来撰写你的陈述,就应该考虑采用开门见山的写法,因为读者很可能希望直接看清楚你的研究主旨所在。所以,即使你选择从研究方法开始写起,但是在写的时候,你还是应该以叙述来开场,比方说,你可以先叙述你提出探讨的是什么样的问题,问题发生于什么样的场域,并且补充问题发生的背景环境。

对于质性探究而言,叙述提供了一个很适当的立足基础。通常叙述就是你的研究主要贡献所在,除非你确实拥有建立理论与概念的才能。研究报告的时兴风格与形式,还有人们从研究中推衍意义的方式,这些都可能随着时势潮流的更迭而变化,而叙述的基础打得越稳固扎实,就越不会因为潮流变迁而遭到淘汰。所以,务必切实写好你的叙述,以奠定整份研究报告的立足基础。

如果,你安于扮演说故事者的角色(而且你确实有故事要讲,当然咯,你得打从心眼儿里认可报告研究结果就是说故事),那么这就是一个好时机,可以让你扮演说书人的角色,邀请读者前来——通过你的眼睛——观看你观察所见的事情。

一开始,就直接叙述研究场域和事件,不需要写注脚或是学术性的东西,也不要进行介入分析(intrusive analysis)*,就只是以适当的详细程度,仔细呈现饶富意味的相关事实。

什么才是叙事的适当详细程度(level of detail),这个棘手的问题并没有现成的答案。研究目的是你最好的指引,当然这其中或许还得费心关注说故事的艺术。你开始修订草稿时,请人帮忙看稿,听听他们的反应,这通常相当有帮助。由于长期投入置身于研究场域,你可能无法

---

* 【译者补述】:所谓介入分析(intrusive analysis),亦即在叙述事实的材料中,插入研究者提供的分析见解。

意识到自己遗漏了某些细节。对你而言,那些细节可能稀松平常,不需要多加彰显或说明,但是对于不熟悉该场域的人,不加说明可能就无法意识到这些细节的特殊性,甚至还可能完全忽略了这些细节的存在。我们很容易忽略缩写、简称,以及普遍存在于专业领域谈话与区域性方言中的各种预设。

你的叙述可以用描述研究场域发生的某一特定事件作为开场,或是引介一个或若干个关键角色。如果你个人的故事无法让读者产生关联感或代入感,或许可以考虑由其他人来叙说个人故事。你或许会在写开场白时忍不住"舞文弄墨"一番,但这通常不是很得体的做法,因为文采斐然的开场白之后,不过隔了两三段,文字的风格就全然大变,两相对照之下,特别显得格格不入。所以,如果你只有两段妙笔生花的绝妙好文,我奉劝你最好省下来,改天有更适宜的场合,再搬出来好好发挥也不迟。写作质性研究报告时,还是老老实实平铺直叙,描写清楚即可。

还有一个问题也同样很麻烦,那就是"观察到的(observed)行为"与"推论出来的(inferred)行为"之间,存在着一种幽微不显但又攸关重要的区别,可是许多经验还不够老道的研究者,往往会惊慌失措地发现,自己的写作根本就分不清楚这两者之间的区别。这又是一个绝佳的例子,让我们可以清楚看见,访谈获取资料不算难,如何报导我们观察所见的事情,反而比较麻烦。人们说话的内容可以如实转达呈现,但这并不代表那必然就是真实的。说话的内容本身是可以通过逐字誊写而如实呈报的(纯粹只是说话的逐字呈现,而缺少了语调变化与身体语言等细节),但即使是在观察的当时,我们所看到的往往已经是被诠释过的结果。虽然我们真的是要"描述"观察到的行为,但还是很容易不慎写成通过旁观者的有色眼镜而推论出来的行为,连带着还有行动背后的意图。

只有从自己的观点出发,你才有可能呈报他人如何"感受"周遭发生的事情,以及他们如何赋予事情"意义"。除非其他人具体而明确表达他们有如此的感觉,否则我们的报告就只能处理我们真正看见或听见的部分。如果没有附带限制说明,那我们就不应该贸然推论超过观察所见的说法。"存在一种兴奋或焦虑的感觉",相较于"有人感受到一种兴奋或焦虑的氛围”,这两种写法可说是天差地别。审慎的叙述必须保持一种旁观者清的眼光。如果你不能达到冷眼旁观的超然境界,或是不想采取如此不带情绪的观点,你就必须以第一人称的方式来叙述观察所见:“这些是我看到的,依照我的看法呈现在这儿。”

所谓“纯粹的”叙述,有时候被称为“完美无缺的知觉”(immaculate perception)(Beer,1973,p.49)——但事实上,却全然不是这么单纯简单的一回事!人们有所不知的是,即使是在叙述的时候,我们同时也已经有所分析与诠释。所以,建议你尽可能“述而不论”,不免就有相当的难度,不仅要努力追求所谓的“纯粹的”叙述,而且你必须一直用力抗拒冲动,以免你在叙述资料还不足以支持分析的时候,就忍不住写出了分析。

分析与诠释

在敝作《转化质性资料》(*Transforming Qualitative Data*, HFW, 1994)中,我提议把分析(analysis)与诠释(interpretation)清楚区分开来。在这儿容我重申这个观点。这种区分方式赋予资料分析一种比较狭义的,但是精准、清楚界定的角色,而不是泛指针对资料所进行的所有处理。两相对比,分析是指使用系统化、标准化的做法与程序来检视资料;诠释则是指以比较自由发挥的方式来解读资料。

虽然后现代论的学者极力驳斥所谓外在现实的存在,不过我认为外在现实确实是存在的。从狭义的角度来看,分析就是运用标准程序来观察、测量以及沟通外在现实的本质,亦即我们亲身经历的日常世界的本质。研究资料必须以适宜的程序或方式来加以检验与报告,以便社会科学家与其他科学家都能够理解和接受。几乎所有适用统计软件处理的资料,都属于这种。这种分析程序的信度(reliability,就这个名词所能表达的任何意义而言)乃是得自于程序的标准化程度,而不在于这些程序的对错或适当性(appropriateness)。

内容分析(content analysis)就是属于狭义分析的一个很好的例子。在内容分析方法中,材料可以被分类成若干能被普遍理解且接受的范畴,然后再使用统计程序加以呈报,虽然在编码的过程中,可能会发生不同编码者对于范畴分类的分歧。而且,哪怕是平均数或百分率这类平铺直叙的描述统计方式,也可能遭到操纵或滥用,但原因并不会是论者对平均数或百分率的计算方式有争议。[2]

相对地,诠释不是采用专门设计的且众人认可的精密程序进行处理的结果,而是研究者个人针对资料所做的一种处理,以便找出其中蕴含的意义。诠释反映个人直觉、过去经验、情绪等研究人员的个人特质因素,可能引起没完没了的争论,而且没有办法保证最后得出所有人都满意的结果。诠释要求研究者针对资料进行反思,以便思索研究对象如何赋予这些资料以特定的意义。人类学家以符号与意义作为基础,从资料中推衍出文化行为的型态。通常采用分析的方式来叙述与检验,而在辨识其中可能存在的型态时,则采用诠释的做法。

相比而言,分析较偏向科学属性,诠释则较偏向人文属性。你个人是比较倾向分析(科学),还是比较倾向诠释(人文),可以从以下层面的表现判断:你连结的文献范围、你的"引述圈子"(quoting circle)、你如何"团块切割"(chunking)处理你的资料,以及你对测量与量数(measures)的重视程度。这两类资料处理方式并不是绝对相互对立的。平衡良好的研究能够兼顾方法精密的分析结果和抽象思辨的诠释观点。但是,"平衡良好"并不意味着要努力去达到分析与诠释之间的完美平衡。

研究问题本身可能要求研究者较多地关照分析或诠释的其中一方。在这方面,清楚的研究主旨宣言攸关重要,在很大程度上影响研究者决定哪些资料需要呈现,哪些需要计算次数,需要引用哪些相关文献,采用哪些测量与量数,以及决定研究的意义与建议的范围。

早期实证主义者奉为圭臬的做法是:就算不可能测量,还是要想办法测量!我们现在早已不再信奉这样的教条了。不过,如果你的研究写作经验还不够老道(此刻正在阅读这段文字的你八成就是经验还不老道的新手),我的良心建议是,宁可错在过度分析,也不要错在想当然地以为质性研究自然就赋予我们舞文弄墨的权利!分析实力的展现,可以使你证实自己是够资格的观察者,具有审慎观察的能力,能够系统地记录与检验资料,掌握必需的证据。扎实地建立了这些基础之后,才能稳健地展开你严守谦虚严谨原则的个人诠释。

任何时候，只要需要计算次数与量数，就应该计算次数与量数。只要你不是纯粹为了装饰论文才使用量化资料，那么呈现的量化资料即使过多，也远远好过太少（请参见第5章）。尽管要努力保持叙述与分析的区隔，但是随着写作的开展，叙述与分析还是很可能会混而为一。因此如果这样的状况发生，你也不需要太惊讶。只有通过检视资料，才可能找到意义；要找到资料的意义，你必须结合情境、整合资料、辨识型态。但是在初期阶段，你的分析点到为止即可，其主要的功能是用来辅助叙述事实的写作。

不要为了能够进入似乎更高层次的研究工作，而急着结束叙述的部分。我建议你等到事实叙述的写作已经确实到位，再开始着手进行分析的写作。写作中记住保持分析和叙述之间的区隔，要让读者轻松辨别哪些部分属于分析，哪些部分属于分析依据的叙述材料，而不要让分析部分读起来好像是资料本身。

你可以用不同的段落分别呈现叙述与分析，也可以视情况需要，多使用小标题（margin headings）标示叙述与分析之间的转换，尤其是增添新的叙述细节来支持分析时，特别需要清楚标示其中的转换。如果新的事实叙述资料之后，紧接着就出现大段的深入分析，或是紧接着就连接到前人的发现或论点，这类的呈现方式往往容易让读者感觉叙述与分析跳来跳去，摸不着头绪。一旦你开始分析部分，其中插入的任何新增的叙述材料都应该和你正在开展的分析内容有十分直接的联系。

分析部分的写作应尽可能让分析系统化，而且能够扎实有力地支持你提出的论点。报告的部分应该尽量以陈述事实为原则，有争议性的部分则留到诠释评述中处理。

你或许会认为必须先提出有力的分析，以证实自己的能力，然后才有资格赢得机会提出你个人的诠释创见。但有时候，学位论文的审查委员可能会直截了当地表明，他们关注的是你呈现的原始资料，以及你紧跟着这些资料所做的直接分析，至于你个人要讲什么（亦即你的感想或诠释），他们其实不是那么有兴趣。只有等你清楚展现你的研究确实稳固立基于扎实的叙述与严谨的分析，他们才会进一步去欣赏你所提出的论述与创见。

反讽的是，这些入行的功课你得做得足够好，可真正入行后却会惊讶地发现学术刊物的编辑对你是相反的要求:在你认为应该谨守本分、如实呈现资料本身的地方,他们却督促你提供具有广度的诠释论点。这是因为,入行后你的学术之路就进入了另一段旅程,那里的重点是你预期达成的结论和你对材料诠释的顺畅程度。那些当你还是研究新手时不被允许的事情,等到你获得认可被认为是有资格的研究者之后,却可能就是学界期许你应该做到的基本要求。

在分析还没有足够进展之前,写作者不易知道究竟要收录多少叙述材料。我认为新手最好是先专心完成事实叙述的草稿,等到这部分写作告一段落之后,再着手写作分析。甚至可以先动手撰写事实叙述的草稿,再考虑采取何种分析路线。(别忘了,不相干的材料总有机会被删除,因为叙述部分通常需要不断修订,以达到简洁利落的效果。)

在进行深入分析之前所撰写的叙述材料,也可以作为一种基础,用来检查分析本身:如果叙述的事实与分析不太吻合,那么肯定是有些诠释出了问题。在质性研究的发现结果当中,可能有部分是没有清楚解释的。这样的结果看在量化研究取向的同僚眼里,无异于功败垂成。这种不乐见的结果,有时候会严重打击研究人员的士气,但是我们质性研究者并不需要害怕这样的结果。好的质性研究应该处理复杂的议题,让人们能够清楚看见该议题涉及的复杂面向,而不是压缩抽象成单纯的解释。如果我从质性研究的经验(还有人生的经验)中体会到任何道理,那就是:人类的行为总是多重因素决定的。我们的研究应该能够体现这一层道理。至于要通过研究来追寻解决复杂问题的简单方法,这样的任务我们就只好让贤给那些单一议题取向的研究人员咯。

至于选择在何时把诠释融入叙述(亦即夹述夹论),或是如何保持分析与诠释的清楚区隔,还必须考虑以下相关因素:叙说故事的策略、个人的风格、先前的经验,以及你在学术界的“位置”(station)。不论你的决定为何,千万要谨记在心的是:不可能有绝对纯粹的叙述。不要假装你可以超脱这个颠扑不破的事实。

叙述、分析与诠释的区分,基本上是关于强调程度差别的问题。如果我们的焦点不带有选择性(亦即不带有主观性),我们根本就无法建构任何的叙述。对于所要叙述的对象,如果下笔之前没有事先设想若干构想,就不可能有叙述。为了达成研究目的,对研究过程的每一道步骤——从设定问题开始,选择适当的研究地点、人物或群体,在研究场域中聚焦的层面,应该记录哪些东西,以及选择把记录当中的哪些元素写进研究报告,还有叙述的风格与作者的语气——都必须审慎反思个中焦点与选择所涉及的有意识与无意识的心理历程。

我们这类不那么侧重理论的研究者,赖以建立学术声誉的本钱就是扎实的叙述[或是"厚"(Thick)叙述,姑且不论所指何义],只不过我们都已经饱受各个学术领域的社会化洗礼,对于如何判断多少叙述才算合乎标准,心中早有一把自行拿捏分寸的量尺。就我个人的观察所见,教育学领域的质性研究者往往倾向于比较深入的介入分析,因为他们往往觉得那样的分析就是读者期望看到的研究结果。

在学校受教育是相当普遍的经验,因此读者不会有耐心去看作者冗长陈述些"人尽皆知的事情"。他们不期望也不想要研究人员通过论文报告来告诉他们那些耳熟能详的话题。一份优秀的质性/叙述性研究报告,应该是叙述材料本身就足以吸引读者,而不是依赖研究者另外再补充吸引人的分析或诠释材料。在这方面,教育研究工作者往往把问题搞得更加麻烦,因为他们通常觉得自己不仅了解他们的教育界听众,而且还知道什么对他们最好。

在此类研究报告当中,资料提供者说话的机会不多,而研究人员倒是说了很多。几乎每一则观察报告或是引述谈话,都会加上一段评论或诠释,充分发挥研究人员全知全能的角色。这有些像是滔滔不绝的导游,把"导游"的内容化身为旅游本身,而不是引导游客去体验旅游,仿佛没有这样的单口独白,我们就不知道该想些什么。

对于介入式的扎根理论研究,我总爱戏称它们是"扎根理论——浅扎而已"(Grounded Theory But Just Barely)。我们期待质性探究能够提供细致扎根于观察行为的内容,但是扎根理论的研究却往往只是轻轻拂过表土,就急忙赶着插入分析意义是如何产生的。类似的情形也发生在其他取向的质性/叙述性研究作品中。研究人员把幕布拉开,让我们观看事件的进行,但是又持续不断穿插学术性的讲解,频频干扰叙事的顺利上演,仿佛职责所在务必要出面提醒读者他们的在场,以及他们剖析事理的高明眼界。

将叙述与诠释完美融合,当然是相当有价值的一种成就。但是,你最好还是保持起码的怀疑精神，审慎检视你在叙述事实之余，另行加入的分析或诠释是打断还是增益你的叙事。我建议你不妨再多花点工夫，把叙述与诠释清楚区隔开来。写作初期的时候，你或许可以先把诠释的评述内容暂时置放在括弧之内（或是采用*斜体字*、**粗体字**显示）。如果你是用电脑写作，便可以稍后再决定是保留原先的写法，还是把部分内容转移到脚注，或是统一置于一个新的标题之下，并且清楚标示你的文章在什么地方从叙述进入分析，或是从分析进入叙述。

如果你还搞不清楚怎么样或怎么样容易地从叙述转变成分析，那你就得多多留意其他研究，看这些学者是怎样处理观察资料或文档资料与他们学术道统之间的相互交汇。[3]

你可能会诧异地，甚至可能是失望地发现，一些你先前一直视为叙述性研究范式的名作乃是建立在预设的概念架构之上（即论文的概念架构在研究开始之前就已经确立好）。搜集到的资料只不过是用来当作例子，对预设的概念架构进行阐述说明罢了（无怪乎，那些资料与分析可以配合得如此顺理成章，仿佛行云流水一样浑然天成）。

这是另一种不同的，选择度较高的运用质性资料的做法，和我在这儿讨论与倡导的叙述本位研究取向，两者之间有较大的差异，某种程度上对其是一种补充。如果是概念取向的研究，作者兴之所至地穿插叙述材料，可能会干扰读者理解分析；如果读者期待的是叙述性的研究，那么作者穿插介入的分析，也可能会打乱读者的阅读。总之，你心里应该确定自己是要采取哪一类的研究取向，并在写法上努力让读者能够清楚理解你的意向。

关于研究目的与研究限制的提醒

如果你是打算专注于事实叙述，请容许我提醒你：尽早草拟两项不属于事实叙述的简短宣言。至于在最后完成的整部作品中将它们放在哪里，则可以后面再定夺。

其一是先前讨论过的研究主旨宣言，适合用来作为所有学术写作的开场白："本研究的目的是……"

另一种宣言就是宣称你的研究限制［或是先前提及的负面表列排

除法(delimitations),亦即“本研究不是关于……”]:该项研究探讨的事情乃是发生在特定的地点、时间、情境;若干特定的因素,使得该项研究不符合典型个案的普遍特质;研究结果不保证可以类推应用于所有的其他情况,等等诸如此类的限制。

这样的研究限制,可以适用于几乎所有的质性研究,只要研究的结论可能导致不适当的过度类推,这样的限制说明就可以派上用场。因此,最好在文章一开始的地方就明确提出。后面就不必每个论点都说一遍。你不妨把这种做法看成学术写作上的一种“清喉咙”方式。郑重其事地把研究限制一次性说明清楚之后,你会发现自己如释重负,不用再烦恼每次陈述的开始都必须重复声明:“这只是个案研究,普遍性必然有着相当的局限……”

研究焦点的困恼

我一再强调“本研究的目的是……”这个研究主旨宣言句子的重要性,但是万一你从开始就遇到瓶颈,连这个句子的后半段也没办法完成,那该怎么办呢?

如果你是在这种地方写不下去,那么你需要克服的就不是写作方面的问题,而是理念层面的问题。这也就是乔治·斯平德勒(George Spindler)所说的,“研究问题的问题”(the *problem* problem)。如果你发觉自己两眼放空,搞不定这个“研究问题的问题”,也许可以试试下述两种做法。

第一种做法是,请一个分析能力良好的同僚,和你一起共进午餐(尽量选择简便轻食,这样才便于对话围绕你的研究进行),请对方帮忙解决研究焦点的困境。你的同僚或许没能如你所希望的那样帮你厘清困扰,不过他或她在言谈之间,往往能够说出某些你原先没能顺利表达出的想法,从而给你意料之外的帮助。当其他人提供回馈意见时,就算他们心里想的不完全是你想问的问题,就算他们说的牛头不对马嘴,经过这一番对话之后,你还是有可能发现,你其实比自己想象的更有头绪。

还有,别把讨教的对象局限在自己熟悉的小圈子里。有时候,研究生也可以提供很好的意见，不仅能够帮助同学出点子，对于教授也能够帮上不少忙。同样地，教授找研究生（包括不是自己指导的研究生）聊天，对学生也可能很有帮助。我指定午餐时间自有特殊的考量：午餐时间你可以避开不必要的干扰，也不需顾虑周遭他人的眼光而拘谨于师生之间的尊卑礼节。我在研究室跟学生说话时难免有些为人师长的官腔官调，但在午餐的时候，我的想法就得凭它本身争取注意力（同时还得和薯条竞争）。

另外一个做法（你也许可以两者同时融合采用），就是针对写作本身重新诠释，以化解“研究问题的问题”，而不是把写作视为导致问题的来源。把自己当成唯一的读者，试用之前提过的自由书写方式。在纸上思考，把你的想法都写到纸上，也就是贝克尔所谓的思考“具体化”（physical embodiment）（Becker，1986，p. 56）。你或许会发现，在提出新的实证研究前需要先把研究问题表述清楚。很可能你因此发展出一篇具有启发性的文章（或是发起一场叫好的座谈会），就因为表达清楚了一个以前从未被表述明白的问题。

试着把研究想象成问题的“设定”而不是问题的“解决”，也或许有些帮助。有许多应用性研究，因为问题设定不理想，研究结果也就乏善可陈。就此而言，我们老一辈人显然错失机会，没有给学生提供从事研究的良好示范。重新出现的对质性研究取向的热情，尤其是寻求更多开放性的研究探询问题以及探究方式，更是使得问题设定难上加难［另外，也有人把“问题设定”称为“问题发掘”（problem finding），或“问题成型”（problem posing），请参阅 HFW，1988］。如果对要研究什么完全没有任何概念，就要开始着手去“做研究”，这实在是说不太通。即使研究后来改变方向，或是改变焦点，一开始的时候也多少对于要研究的东西有点想法，才有可能开始研究。“脑袋空空”（empty headedness）可不能拿来和“心灵开放”（open mindedness）相提并论。

或许是我个人的偏见，民族志工作者的表现要好过其他大多数的质性研究人员。因为我总认为，民族志工作者拥有相当宽广的文化研究主题。他们研究文化的普通议题，以及文化的特殊面向，其中包括文化主题、文化变迁与文化适应、政治经济、社会结构、世界观。我把这些称为“民族志的意向”（ethnographic intent）所在，并且论称所有研究的核心应该在研究目的,而不是研究方法(HFW,1987,1990a,1999a,2008a)。就某些人来看,质性研究甚至民族志本身——差不多就是"闲晃一遭,走马看花"("going to have a look around")。难怪经验不足的研究人员往往在写作时左右为难,追究个中原因,多半是由于他们在拟定研究对象或目标时,定义太过松散,或是迷惑不清,误把研究场域的拟定当成研究问题的拟定。

我无意给人一种印象,好像研究主旨是神圣不可侵犯的,一旦宣告之后就绝对不可动摇,或是,一旦固定之后研究的进行方向就完全不可更改。质性研究的策略之一就是弹性化,这也正是我们声称的质性研究的关键优点。弹性化就是研究问题应该持续不断地重新接受检验。在研究过程中,研究者必然会经历一系列自身的转型变化,研究问题或研究主旨宣言也会历经一系列的转型变化,任何事情都不应该阻止这种情况发生。资料搜集与资料分析的做法会影响研究主旨表述,研究主旨表述也会影响资料搜集。

研究计划纯粹只是一份计划、一个开端、一个出发点,就是它的字面意义——针对研究过程的规划与说明。我们会被自己对研究必备要件的预期束缚。生物学家保罗·卫斯(Paul Weiss)则提醒我不可盲目,他说:"一个人如果只遵守科学方法做研究,就不可能发掘什么有趣味的新鲜事。"(转述自 Keesing & Keesing,1971,p. 10)

资料分类与组织的困恼

如果你目前整理出来的资料,状态和最初搜集的时候相差不多,仍然是一页又一页各自分散的笔记与访谈草稿,那你别认为自己的问题是"写作的瓶颈"。因为你的瓶颈其实发生在更前面的阶段。如果你已经开始写作叙述的部分,那你最好回头去检查基本的资料分类,从中找出基本的范畴,然后再看看你是否能够辨识出基本的问题,用以引导你开展叙述写作。

我通常会利用下列若干问题来引导自己(不过,不见得对你有效):事情是怎么一回事?事情怎么会这样发生?在该场域的人们(个人、群体)必须知道哪些事情,才能做出那些事情?还有,在没有任何正式或具体可见的教导传授之下，他们又是如何传承并且习得这些必要的技巧和态度的？

诸如此类的问题可以引导我思考，因为这些问题谈及文化习得的历程，也就是我学术工作的关注点。我没有问题聚焦方面的困扰。我遇到的问题多半与人有关，比方说，对方无法分享我对研究主题的兴奋心情，对方的研究问题不够精彩，不令人兴奋。引导你投入研究的问题是什么呢？什么引导你追求当前的学术目标？什么又形塑着你整个学术生涯的发展？

当你已准备好开始进行初步的资料分类（data sorting），第一个步骤就是要把你所能想象的几个最大类别逐一界定出来，比如地点、时间或人物等类别。你或许可以当作是在写剧本，首先就是通过快照呈现场景，并逐一介绍主要演员角色。紧接着呈现“静物摄影”（still shots），直到手头上有了足够多的元素（换个说法，舞台上有了足够的演员），就可以开始让叙述活动起来了。

这也就是乔治·福斯特（George Foster）若干年前在撰述《应用人类学》一书时，所使用的分类与组织方式（Foster，1969）。首先，福斯特把他所谓的目标群体（target group）找出来，就是研究计划所想要改变的一群人。接下来，他毫不意外地做了人类学转向，把注意力转向革新组织或贡献团体（donor group），也就是所谓的“改变的媒介”（agents of change），以及这些媒介希望促使目标主群以及他们本身达成的改变是什么。对这两个群体分别仔细检视完毕之后，他才把注意力转向处理两个群体的交互影响。

你或许可以介绍若干重要角色，然后陈述他们如何在研究场域中活动。福斯特的写作方式提供了一个直截了当的思路，用来处理以“变革”为主题的研究报告。说聚焦于“变革”主题的学位论文与机构研究多如过江之鲫一点儿也不夸张。虽然此类研究一般都缺少对全局的重视。就资料分类而言，研究者或许可以取法福斯特界定的概念来开头，如：“目标主群”“革新组织”“互动场域”（Foster，1969：第四、五、六章）。他不只提供了一个处理变革类研究写作的绝佳组织方式，而且对任何聚焦于探究某些地位的人想对另外地位的人造成某些影响效应的田野研究，也提供了一种模式。

你可以试着先找几个涵盖范围宽广的范畴来开始进行资料分类，以便所有的资料都可以顺利分类。请记住，你先只做分类。如果你发现自己没法顺利完成简单的分类工作，那你很有可能不知不觉已经在(或是希望)做理论发展的工作。你在试图"一脚走两步"。请记住一次只专注处理一件事情！

我第一次遭遇这种两难处境，是在我整理关于一位校长的民族志材料时。那是好几百页的田野笔记，整理过程中我发现自己不断增添越来越多的概念，而且资料分类也变得越来越复杂。那时，我幸运地遇到了霍华德·贝克尔(Howard Becker)。他告诉我，如果我觉得分类资料有困难，那我做的肯定不只是资料分类，我有可能已经把下个阶段的理论发展工作插队了。后来，当我把工作单纯化，资料分类就变得简单了。完成初步分类的工作后，我再进一步考虑优化资料分类。

在没有电脑的年代，贝克尔的建议是把重要的各笔资料[信息提供者的谈话内容、观察记录、微型叙事(vignette)、做笔记时写下的洞察或感想]记录在单张的3英寸×5英寸或5英寸×8英寸资料卡(或是半张打字纸)上。资料分类，基本上就是排列组合的工作：坐在书桌前(或是坐在地板上)，把一叠资料纸或卡片排列组合，根据初步构想的概念，分成若干比较小的组别。

当时有一项不错的发明，就是单孔或多孔的索引资料卡(keysort punch card)。研究人员可以根据设计的编码系统，将索引资料卡予以分类。你先把写好的资料卡排列起来，然后根据内容在卡片的适当栏位写上编码类别，接下来，你只需要把新增的资料卡收纳到适合的类别，再用一根或数根小棒*穿过资料卡预留的孔，最后把全部资料卡拿起来摇晃整齐就大功告成了。通过编码系统与小棒，就可以将资料卡依照不同的类别区分开来，方便日后索引搜寻使用。

长久以来，我很习惯把资料写在5英寸×8英寸的索引卡上，不论打字、手写，储存或分类整理都很方便。电脑时代，这一套纸卡整理的做法显得原始落伍。但我还是把它写出来，帮助读者看清楚那些被电

* 【译者补述】：你也可以使用分类档案夹或分类档案匣之类的工具，把分类索引的资料卡收纳起来。

脑遮蔽的资料分类整理过程。我鼓励学生在进入田野研究的前期准备中用手工分类的方式来整理资料,而不用电脑,这样可以从手的具体接触中得到一种实在的成就感。目前,电脑已经让这些事情处理起来方便快捷多了(关于编码与分析的更深入讨论,请参阅 Bernard,1994,2000;Ryan & Bernard,2000;Weitzman,2000),但千万别因此从你要完成的简单任务中分心,还要努力用简捷的方式完成任务。

近来各种应用软件被开发出来,以进行资料的管理与分析,尤其是那些适合质性研究人员需求的,如文本管理软件,[4] 在我来看简直就是一场奇迹。但我也担忧大部分的应用软件主要着眼于发挥电脑几乎无限的演算或处理功能,而较少致力于配合研究人员的推理能力。比方说,早期针对田野研究资料处理而开发的 THE ETHNOGRAPH,目前仍然持续推出更新的版本,功能也越来越强大,[5] 任何"一条"文本通过编码系统,皆可分类成为多达七种的范畴。请注意,所谓"一条"文本(a "line" of text),其范围可以小至一个单字,也可以大到包含一整段访谈。对于已经到范畴分类阶段的研究者而言,这些当然相当便利。但是,对于还没到分类阶段的研究者而言,这样的软件却可能让人走偏。因为有些人不太擅长资料分类,当然会想要一套软件,能够轻松把资料整理出两种或三种分类,可这只是镜中花月。再者,操作电脑其实也相当耗费心力,这导致研究人员没法专注于研究的核心任务,深入思考研究的焦点,反倒是把心力花费在资料输入等琐碎杂务上。这些事情与研究问题本身其实不太有关联,但因为比较轻松、好玩,往往成为逃避真正工作的绝佳掩护。

在这儿,且让我再度重申:质性研究的关键任务,不在于聚积你所能(can)搜集到的资料,而在于尽可能"打包装箱(can)"(这里的意思是,整理取舍)* 你所搜集到的资料。这就需要持续不断的筛检,当机立断决定哪些资料一开始就不值得输入建档。目的就是发掘资料的内涵,然后再通过建立充分的脉络背景,揭示资料的意义,而不是把所有资料通通收入,结果却落得重负缠身,动弹不得。就此而言,录音带、录影带、电脑突飞猛进的存储功能,正在吸引我们反其道而行。它们那来

---

* 作者在这里运用了"can"一词的多重含义。——编者注

者不拒的胃口和几乎填不满的肚子,可能引诱我们不断扩充资料,直到堆积成山。所以,我们必须格外小心,别被自己制造的资料山给埋葬了。

资料超量负荷的问题,在影印机问世之初也出现过。在我的学生时代,研究生通常就是拿着教授指定的阅读书单泡在图书馆里,认命地抱书猛K,还得筛选书中的关键理念,一字不漏地抄写重要的段落。现在的学生则是复印(或下载)整篇文章,甚至整本书,很多时候根本不用亲自跑图书馆,直接通过网络下载。不论是实体的或数字化的资料来源,他们搜寻资料的能力都高出我辈许多,只可惜他们拿资料很好却用得很糟。

阅读资料时,他们很可能大篇幅地画上底线,或是涂上醒目的萤光色,而不是找出关键字句,用自己的文字来摘述文章的重点。这对于从事叙述性研究的人,显然不是很好的训练方式。在田野研究中,这种做法一般被贬称为"吸尘器":田野研究人员试图观看与记录每一件事情,而这根本是绝无可能办到的。[6] 有必要清楚区分两种研究者:一种是力求以量取胜,希望通过无所不包的观察而让读者留下深刻的印象;另外一种则是力求以质取胜,以出色的观察,让读者别开眼界,深深为之佩服。

最后,让我举个实际例子来看看"吸尘器"式的博士论文会招致什么样的后果。我在准备本书第一版时,应邀担任博士生学位论文的审查委员。虽然我不是主席,但是我觉得自己既然讲授质性研究方法的课程,就应该有责任"激励"有能力的博士生选择质性方法,并运用课程教授的基础知识,帮助他们发展学位论文。班上有名博士生亚弗列,他在公立中小学担任教职多年,对于社会研究特别有兴趣。亚弗列原先提出一份野心勃勃的一年计划,研究对象是他所任教的社会科目的一个班级,打算收集的资料包含了录影记录、教学日志、考试成绩、学生上课反应、独立观察者的观察记录——只要你想得到的,一个也不少。后来我才意识到,身为他的学位论文审查委员,我们当时没能督促他缩紧研究计划的焦点是失职。由于我们不想让自己显得吹毛求疵,不尽人情,于是我们称赞亚弗列,说他思虑缜密,考量透彻,但其实我们的职责应是坚持他把研究尽量缩减,这才是真正帮助他的好建议。还有,我们手头上已经有了他分量惊人的文献综述，不过我们却错估情势，把它视为好兆头，但其实那份文献综述的内容虽然无所不包，却缺乏筛选判断，本应该被视为论文进展可能受阻的坏兆头。而这问题只需要请他写一节关于研究限制的说明就可以改善！

后来，有好几年的时间，我们没有在校园看到过亚弗列。他回学校教书，在本该离校执行论文研究的休学时间里，他将课程工作优先于做论文而不是相反，这种让人遗憾的发展，却也是许多专业领域博士生遭遇的通病。在那期间，我们持续收到他寄来的进度报告，都说一切进行顺利——譬如：前三章“已经写完了”。但实际上进度并没有说的那么好。他的研究计划无所不包导致第一章就已经昏天暗地，让人吃不消；冗长乏味的文献探讨构成第二章；第三章研究方法则是巨细靡遗。到了这时，亚弗列已经深陷资料的泥淖，就像安妮·拉莫特的哥哥面对学校老师布置的写鸟作业一样，困在无法有效聚焦的困境里。因为怕丢脸，他把自己的问题归咎为写作瓶颈。最后他还是完成了论文，只不过当初预期的满足感已被折腾得烟消云散。这就好像经历了一场遥遥无期的痛苦折磨，最后只得到了差强人意的成果，从而无法顺利掀开令人高度期待的人生新篇。

本章结语：将想法付诸实践

本章结束之前，让我们在此稍作停歇，就当是写作长途旅程的途中检查点，检验你是否感觉可以“出发上路”了。等确定之后，我们就要转往下一站，要解决的是如何“持续写下去”。

1. 根据你想做的研究，或是心中有所构思的论文，尝试草拟（或是修订）“研究主旨宣言”。接下来，运用你写下的主旨宣言，逐一应用本章讨论的各项建议，看看是否能够有效契合你的专业需求与旨趣。现在，你能否把写下的主旨宣言精简到25个字，或者更少？

2. 万一你感觉我高估了你，该怎么办？你认为自己根本没有掌握开始写作的门道，甚至不知道该如何提出主旨宣言。这样就要出发上路，展开写作之旅，似乎是绝不可能办到的。不希望还是有的。

你可以把前述步骤全部忘掉，单纯就讲个故事，描述你做了哪些事,还有"他们"做了哪些事。回答下面的问题:"这儿发生了什么事情?"如果其中涉及某事件或"处置",叙述该事件或处置发生之前与之后,分别是什么情形。

陈述你所观察到的事情,尽可能提供翔实的细节。因为你是从某一个观点(你自己的观点)来进行陈述,所以接下来,请设法尝试想象在该现场的其他人的观点,再详尽陈述其他人可能观察到的事情。这样做,你就让自己启程出发了。有了这些写作的萌芽之后,或许就能够求助他人,帮你逐步厘定你想要探索的究竟是什么样的议题。

3. 我认同阿施的看法,当你心中有话非说不可时,你就可以找到合适的写法。不妨想象我就站在你背后,看着你在电脑上写下的东西,或许还会不时抛出一两个提问,譬如:"这是根据什么样的定义呢?"或是,"然后,还发生了什么?"或是,"你为什么要告诉我们这些事情?"

不论你提供了什么样的解释,相信我,千万记得解释必须具体明确,不可含糊笼统,不可刻意隐藏、闪躲,尽可能坦诚不讳,直接面对,而不要拐弯抹角。总之,别瞎担心,就算你有些地方搞错了也没什么,因为没有人会要求你必须无所不知。

4. 一旦你写下了研究目标,接下来就要设法去改进、优化(还有,如果可能的话,尽量予以浓缩、精简)。然后,从你已经知道的出发,从中辨识想要探讨的重要主题,以及探讨的顺序。每个主题暂时分配若干页数,然后开始你的写作,并且在写作过程中持续改进、优化研究主旨宣言。

5. 找出某些相对容易下笔的地方,从那儿开始写下去。譬如描述自己如何开始以及为什么接触该项主题。不要一定非得从头写起。看眼前方便写什么就写什么。等到写得差不多了,再安插到整份文稿的适合位置。不需要一开始就写好导论,等到你写下了很多具体的东西而需要导论时,才是写作导论的适当时机。如果你觉得这个想法很吸引你,那就在你开始展开研究之前,先写一份早鸟写作的初探研究草稿。

本章注释

1 2000 年 11 月举办的一场民族志写作研习会上，人类学家雷吉娜·达内尔(Regna Darnell)针对"voice"这个用语时常滋生语意模棱两可的纷扰，特别提议以"standpoint"(立足点)作为替代用语。

2 比方说，我们研究的对象通常是人口稀少的族群，但是有些报告却选择使用百分率数据来呈现。想想看，"某村落有 23% 的住户拥有洗衣机"和"某村落十三户住户中有三户拥有洗衣机"这两种说法，哪一种给人留下的印象更深呢？

3 关于文书编辑与历史档案的运用，史蒂文斯与伯格(Stevens & Burg,1997)有更详尽的讨论与实例说明。有关网际网络探究，请参阅马卡姆与贝姆(Markham & Baym,2009)。

4 文件管理只是软件提供的一种功能而已，根据魏兹曼的分类，另外还有四种功能："文件搜寻"(text retrievers)、"编码与搜寻程式"(code and retrieve programs)、"以编码为基础的理论建立"(code based theory builders)，以及"概念网络的建立"(conceptual network builders)(Weitzman,2000,pp. 808-810)。网络上有很多这方面的信息，对于了解质性资料分析软件颇有帮助。想知道维基百科(Wikipedia)对于质性研究有什么说法，不妨上网瞧瞧，网址如后：http://en. wikipedia. org/wiki/Qualitative_research。另外，也请参阅列文斯(Lewins,2009)。

5 有关民族志资料分析软件 THE ETHNOGRAPH 的最新信息，请参阅 http://www. qualisresearch. com/。

6 霍华德·贝克尔描述自己过去在田野研究的研讨课上，如何"把学生逼到抓狂"。他说，他总是不断要求学生针对报告内容提供细节，细节之外还要更多的细节，一直逼得他们终于彻底领悟要巨细靡遗地观察与记录"每一件事情"，乃是绝无可能办到的。等到他们对于这点有所领悟之后，他就会要他们认真去思考，自己到底真正想要从观察中了解什么东西，因为"观察的窍门就在于，要能够对先前没有注意到的事情感到新鲜好奇"(Becker, 2007, pp. 88-89)。

持续写下去 3
Keep Going

文章要写得好，前提就是要能够写。

写坏了也是自然的，还要能在没心情写的时候，照常写得出来。

——彼德·艾尔鲍(Peter Elbow)，《强力写作》(*Writing with Power*)

一旦写作上了路,知道自己心中确实有东西要说,也拟好了着手写作的计划,那么你就能够很顺手地写下去,并且有满意的进度。如果你是这样的,那你用不着花时间来阅读本章,因为你根本没有写不下去的困扰。请记住,每个人的写作模式都有独特性。我给所有已经起步的写作者的最好建议就是:一旦起步了,就持续写下去。

写作除了是自大傲慢的表现之外,同时也是检验个人忍受延迟愉悦的试金石。即使写作进展顺畅无阻,也很难保证写作过程本身有足够的快乐支持当事人持续投入时间,无怨无悔、坚持不断地写下去。你得在没有回馈或鼓励的情况下埋头苦干。诚如奥布瑞·哈恩(Aubrey Haan)教授在若干年前提醒我的个人经验谈,“写作是为爱辛劳”。千辛万苦付出那么多,收获或回报却难以肯定。能用来衡量写作进度的指标或许就是:还没写的主题(subtopics)数量逐日减少;已完成的稿子页数逐渐增加。

不过,看着页数累积的龟速,除了数量让人难以忍受之外,那参差不齐的品质也往往不符合自己的预期。页数多寡也可能令人忐忑不安。页数太少,你会怀疑细节不够充分,解释不够详尽。页数太多,也可能让你心情七上八下,因为你可能会遇到新的问题——你恐怕得大刀阔斧砍去自己千辛万苦写出来的成果以合乎规定的页数。不过,也别太早去担忧写作篇幅的长短。就眼前这个阶段来讲,埋头苦干,用力去写就对了。先别去理会你是否写得太多或不足,只管放手去写。诚如一个世纪前达尔文在给友人的书信中所言:“这书算是起个开头,而开头已经相当不简单了。”

当然,我可以提供若干参考指标帮你维持写作的动力。不过,我在这儿提出的问题本身,远比我所介绍的各项解决方式重要。“写什么都行!”写出来的东西,不管是什么内容,都可以推动你从中整理出一份可后续发展的草稿,如此一来,你也就有了一个脚踏实地的立足点,可以进行修改和编辑。打个比喻,每次和华人朋友吃饭,我就会问他们,我拿筷子的方式对不对。他们总是回答我:“哈利,食物有没有送进嘴巴里?”请你通过这个例子体会我在这儿提出的判断标准。

写作真正重要的就是结果。只要结果对了,过程中所使用的方法就是合适的方法。不管你在写作过程中喝了多少咖啡、失去多少睡眠、

"浪费"了多少时间,第一份草稿看起来多么惨不忍睹——这一切都不算什么。请牢记贝克尔的忠告:"唯一算数的版本,就是最后完成的那个版本"(Becker,1986,p. 21)。

周旋到底

如果你做了大量的田野调查工作,就得做好花上好几个月到一年,甚至更长时间来完成论文写作的心理准备。罗莎莉·瓦克斯(Rosalie Wax)明智地建议,你分配给分析与写作的时间,应等同于你待在田野的时间——而且如果你"真的敏于写作,而且能够挥洒自如",那时间还得更长(Wax,1971,p. 45)。打从一开始,你就得做好长期抗战的准备,你需要长期维持兴趣,这关系到你的写作是否能够持续到最后。毕竟这可不比学校上课的一般作业(包括期末报告),单单只靠着一鼓作气是不可能硬撑到大功告成的。

诚如本章开头引述的艾尔鲍的话:"文章要写得好,前提就是要能够写。就算写坏了也是自然的,还要能在没心情写作的时候,照常写得出来"(Elbow,1981,p. 373)。给自己设定合理的期望,但也不要轻易放水,让自己太好过。想想看,如果你每天只写一页,哪有可能"榨出"几本书呢! 做出承诺,坚持到底,设定每日或每周的时间表,把写作的时段列为最优先安排的顺位。我忘了曾经在哪儿读过,那些以写作维生的专业作家,每天都写,全年无休。

你应当明白,我这儿说的"写作",不只是动笔写字或是敲键盘。写作不是每分每秒都在书写文稿的字句。写作其实还涵括了零零总总的许多其他事务,譬如:计划、组织与分析,第2章已经有所介绍。当文稿有了眉目之后,还会陆续有额外的事务:重新阅读、重新分类资料、重新修润、重新核对、重新修订;还有,发呆[如果你也和我一样喜好头韵(re-)的话,那就是"重新反刍沉思"(ruminating)]。好心打气的朋友三不五时探询:"嗨,写作进行得还好吧?"或许,你可以向他们解释,写作不只是落笔成文而已,还包括许多其他的工作。但我估计,你首先还是得说服自己。

“文件夹组织法”

1970 年代初期，质性研究的做法渐成风潮，当时有个研究赞助机构邀请我担任一项教育改革研究的“外聘顾问”。参与该项研究的成员包括一群质性取向的研究人员，他们的背景有人类学、社会学、教育学。这是一项长程的田野研究，地点包括十个分散全美各地的乡村。这个研究计划在各个乡村社区召集驻地研究人员（On Site Researchers，OSR，乃是田野研究圈内使用的一种行话），他们的主要任务是完成一份研究专题，描述各自所在社区的学校情况，以及该教育改革在该地区的特质与实施成果，目的是拟出一份判断所有参与学校改革成效的参照标准。

从一开始，这项独立的长期评估的主持人们就有些担心，驻地研究人员能否都完成一份专论报告（有关该评估研究的详情，请参阅 Sturges）。身为外部顾问人员，我的任务就是要提出一些建议，既要能够激励他们顺利完成交付的任务，又不会影响到他们的士气、热情，且不干扰到他们研究的独立性。主持人也注意到，除了要撰写个案研究报告之外，研究人员还必须兼顾许多其他的责任，譬如：搜集一项跨场地研究的调查资料；在专题报告进行期间继续做田野研究。这项研究没有强制规定交报告时间，也没有要求每位研究人员必须依照预先决定的主题大纲，缴交规格统一的报告。

正如研究项目的主持人事前正确预测到的（同时也是担忧的），研究结束之后很久，各地的结案报告才陆续交齐。最后能完成结案报告，全靠每一位研究成员的责任心——你总不能强迫人们动笔。项目为结案报告计划了一笔研究酬劳。但是由于研究时程长，且个中涉及任务繁多，因此酬劳实际是以年薪方式整笔给付。而如果用扣押酬劳作威胁，很可能适得其反。因为研究人员如果在撰写研究报告时遭遇困难，就很有可能就会萌生退意。他们大部分都是才完成学位论文的新科博士，这另外的一份压力沉重的研究报告写作任务，让他们中的多数人感到焦虑不堪。

我当时建议，每一位驻地研究人员先提出一份目录，作为撰写该地区研究专题的前置准备作业。(你对这建议惊讶吗?)等到十个地区的研究目录搜集齐全后,就可以综合整理出一份可供整体研究成员使用的讨论会议程表。在会议中,研究人员可以讨论、阐述与辩护个人的想法。项目的协调人员也可以提议(或是强制规定)适合项目全体人员使用的标准化报告格式。当然,这样的做法有可能引发若干争论与协议,但是研究组织确实有应该履行的契约责任,而且也必须尊重田野研究人员的专业身份。协议确定后,各个研究人员就可以遵照相关规定,开始整理与撰写各自负责的专题报告。

其次,我提议,每一位田野研究人员各自准备若干文件夹,将研究专案的各章资料收放到专属的文件夹中。另外,再视具体需要,增列文件夹收放杂项材料、个别研究地点的地区性研究主题、联络人的姓名与个人背景信息,等等。就此而言,我认为,活页文件夹是理想的选择,不仅方便收纳电脑打印的资料,也适合其他搜集到的东西,比如信件、照片、手写便条,甚至整份的报告文稿,都可以分门别类地夹放入分类文件夹中。[1]当然,重要的资料最后都会在电脑建档储存,但是活页档案夹仍然可以作为储藏工具,收纳研究过程中所累积或搜集的各种实体的补充资料,以及初期版本的草稿打印本。

各个文件夹的内容可以逐步扩增,大致上,一开始的时候就是一些简要的备忘录或简短的笔记,或是一套套的资料卡,再来就是比较严谨的章节大纲模式,或是每一章报告的粗略草稿,再后来就是视实际需要展开的必要的验证修订。依照如此的进展顺序,最后该章的初稿就完成了。关于受雇研究员的绩效考核问题,在我戏称为"合约人类学"(contract anthropology)(HFW,1975,p. 110:请另行参阅 Clinton,1975,1976;Fitzsimmons,1975)的情况下,我们可以从项目总部提出的若干"假设性问题"中看出些许门道:"我们怎么知道田野研究人员是否真的在研究现场?""我们怎么知道研究是否真的有进展?"要解决此类问题其实不难,只需要请每一位田野研究人员,定期把每一个文件夹的实质进度证据传送到总部。同时,田野研究人员要能随机应变,因应每次不同的报告情况决定是完成预定缴交的章节报告纲要,还是开始写作新的一章,或是修改润饰已经完成的前几章草稿。依此而为,计划预期要写的专题报告就逐渐上轨道了。

此模式不认为任何两位研究人员有可能,或是有需要以相同的进度处理各自的主题。再者,此模式也容许个别田野研究人员在某些阶段可以进度落后些。比方说,有些时候因为要应付总研究项目的指定任务而耽搁了个别子项目的某些事项;或是该汇报工作进度时在参加学术会议。

虽然项目并没有将上述程序全数贯彻,但就我所知,有好几位研究人员在局部采用后,感到颇为有用。至今,我仍然觉得上述建议非常实用,不但适合单打独斗的研究人员,也非常适合统筹协调大型研究项目的总联络人,管理分散于多个研究场地的子项目。[2] 我明白我所构想的应用活页文件夹的做法,现在可以利用电脑文件夹的形式实施。但核心是一样的:如何确保每个人的工作持续向前推进,速度快慢都行,只要不完全停滞不前。[3] 这个想法有点像是写作的第一运动定律:"动者恒动"——开始动笔写的人,就会持续写下去;"静者恒静"——始终不动笔写作或停笔不写的人,就会始终原地不动。

除了每一章分配的主要文件夹之外,还必须有收纳研究进展过程产物的文件夹——不论这些"文件夹"是实质存在的,还是想象的。其中应该包含若干短期事项所产出的资料,例如:准备致谢辞的草稿,或是参考文献的更新清单。另外,还需要若干特殊任务用的文件夹,用来准备研讨会的资料,或是研讨会的论文,以及准备投稿各期刊的个别论文。最后,我再次特别强调,研究人员应该要有若干适当的文件夹,及时分类储存资料以便能够处理不同阶段的研究任务。

维持写作动力

任何大型的写作计划,譬如:研究专论或学位论文,在进行过程中,都不会同步进行所有的章节。研究项目的规模越大,就越不适合将各个阶段的研究任务同步进行,因为难以从容应付各种杂务,时间的分配安排亦难以面面俱到,且心情的起伏波动也难以调适。不应该让预料之外的延宕导致研究或写作完全停摆不前。要有心理准备,预计到延宕的发生,而且也真的会发生。遇到这种状况,就应该设法先去处理其他任务,如筹备撰写下一篇论文、研究项目或研究项目的初稿。新手可能会觉得难以想象,不过有朝一日,当你行有余力,可以灵活安排工作时程,同时面对若干个任务仍然气定神闲之时,你就能够体会个中三味。如果你手边同时有几个在不同阶段的写作任务,即使访谈过程或是后续写作进度有所耽搁,你仍然可以在某些方面有所斩获。

至于哪个阶段最艰难呢?看法也是因人而异。就我个人经验而言,任何的写作,不论是写什么,第一份初稿总是最困难的。只要我开头的写作进行得还算稳健,那么在后续的修稿改写与文书编辑工作中,看着自己的稿子越来越有模有样,即使进展不是很大,我通常还是能从中得到乐趣。修稿改写与文书编辑是很重要的工作,这一点是毫无疑问的。对某些人而言,这些任务可能是最难过的。彼德·艾尔鲍就认为,修稿与编辑是极不愉快的苦差事(Elbow,1981,p.121)。对我而言,写作让人活力旺盛,编辑则让人筋疲力竭。在编辑中最让我感到不愉快的就是,承认自己写了若干让人羞于承认的可怕句子。(为了举例说明,我开始搜集自己写过的若干惨不忍睹的句子,但后来还是决定作罢,我觉得不需要举例你也会相信我曾写出过许多不像样的蹩脚句子。)

让我引用一下丹妮丝·克洛科特(Denise Crockett)苦战博士论文时的个人心得:"如果写不出好东西,那就随便扯些屁话也行。"好歹总得写出东西,才有东西可以改进。在《逐鸟解题》一书中,作者拉莫特不只肯定大家都有可能写出"狗屁不通的初稿",她还坚信,大多数作家一开始写出来的也都是狗屁不通的烂东西。"能够让我开始动笔的方法无他,就是胡扯瞎掰那些狗屁不通的烂东西。"但是,她丝毫不以为忤。她是如此自我宽慰的:"所有优秀的作家都写过狗屁不通的烂东西,而且正是经由这些过程,他们后来才渐入佳境,终于写出好的二稿,以及很棒的三稿"(Lamott,1994,pp.21-22)。

有时候,写作的进度慢得让人备受煎熬。如果一整天写作都完全停滞不前,你不妨花点时间更新参考文献的内容,这样你至少有些进度,能应付某些好意但神经大条的人随口问出的让你神经紧张的问题:"嗨,今天进度如何啊?"

对于如何在停笔之后,隔天重新再找回提笔的动力,写作老手提供了一点建议,那就是用心注意每天的写作该在什么地方停笔。最好选在你知道自己很容易写出东西的地方停笔。停笔前随手写下若干关键字,可以方便你捉住自己的思路动向。如果你正在写一个段落,还没写完,但你心里明白若继续写下去,你应该能够写完,那么这就是可以暂时停笔的好地方。如果你正在抄写某个学术著作的一大段引述文字,或是某个信息提供者的一大段谈话内容,停笔的地方最好落在那段引述文字或谈话内容的开始之处,而不要停在结束的地方。这样,你下次开始再写的时候,就能够确保顺利接续写出东西来。

[不过,我实际写作时往往不是这么一回事。通常,我会在写不出东西的地方停下来,等到下一次提笔重新再写时,心里往往会感到惶恐不安,不知道自己能否顺利走出困境。不少人可能有类似的困扰,所以,我在此特别送上一句英语古谚奉劝大家:"随我所言,勿施我行。"(Do as I say, not as I do.)每天提笔写作时,我通常是从检查与编辑前一天写的东西开始切入。我必须承认,虽然经常听说某些人提供类似的建议,但是这种慢条斯理的做法,确实并不能让人很快进入提笔开写的状态。至于我个人为什么会养成这种写作习惯呢?我想,原因可能是我发现文字编辑比写作更容易让人有成就感。]

不用多说大家可以看出,编辑文字可能会成为逃避写作的避风港,或者至少让我们分心,因而无法一鼓作气完成草稿。总会有些日子实在写不出任何像样的字句,那时不妨回头去看看前一天写的东西,这不失为暖身的一种因应之道。打草稿之初,如果对于某些字眼或是概念举棋不定,在暂时搁置后,下一次重新来时就可能找出比较满意的结果。编辑文字与审稿有可能会花上一个小时之久,大概就占去我每天安排的写作时间的四分之一。严格说来,这其实违反了我的清教徒伦理,我应该先苦后甘,先完成写作的苦差事,然后才可以去享受编辑文字的乐趣,而不应该先甘后苦。不过,这也算是一种为达成主要目标的权宜之策:一旦写作起步之后,就持续一直写,不要松懈。还有,你该试着定下一种衡量每天写作进度的方式。

该注意细节的地方,第一次就搞定

你在写稿时,应该清楚你所属的学科、系所(如果你是在写博硕士论文),或是你打算投稿的期刊或出版社对于格式的相关规定,包括:引文、参考文献、注释、小标题等。如果你对于投稿期刊的格式规定不太熟悉,手边最好摆着该期刊的最新一期作参考,有些期刊也会在网络公布这类信息。

你可能会认为在起步撰写草稿的阶段,根本没有必要伤脑筋一丝不苟地执行格式方面的严格规定。你可能认为"事有轻重缓急",不重要的琐碎小事不用急着先处理,等到叙事陈述内容都写得有模有样了,再回头处理那些琐碎小事就可以了。这样的想法有几分道理。如果你每次引用某笔参考文献或引述内容时,总要确定信息的来源与相关引述格式都符合规定,正确无误,那么你最好稍微放松一些,把心力专注在如何写好内容,而不要为细枝末节而分心,拖累写作正事的顺利进展。不过,你或许可以通过做某些标示(例如:**粗体字**,或<u>画底线</u>),把需要检查的细节标示出来,这样在适当时机再回头来检查时,就方便多了。我可以向你保证,你这样做投入的时间绝对值得。不论你是在什么时间点检查书写格式的细节,都应该非常细心,所有细节务必正确无误,没有疏漏,一切都合乎投稿或出版的体例规定。越早把这些事情搞定越好。

在我们那个年代,每次修改稿子之后重新打字,就有可能因为打字疏忽而发生某些新的错误。现在已经没有这方面的烦恼了,一旦你把东西写下来,除了极少数的技术障碍之外,几乎就是屏幕上原封不动的版样。所以,第一次出手就该把细节完全搞定。

在写作的早期阶段,你越能够注意到细节,在最后修订润稿的阶段,就越不需要为细节烦恼。你的注意力应该在自己的说法与想法是否表述得宜,而不是花时间去烦恼对其他人的说法或想法是否有引用差错。条件许可时,我建议你把所有资料抄录或复印存档,以便后面有需要时(姑且不论可能性有多小)摘取其中适当的部分进行引述。你也可以凭此迅速地核对或是回复编辑的质疑:"你确定原稿真是这样写的吗?"当我所要引述的文字段落有跨页时,我都会特别注明跨页所在的位置,万一我日后决定只要其中一部分的引文,那我就知道该如何正确标注该段引文的页码,而不需要再回去查询原始出处。

建立论文格式表

你有没有注意到，不同字典可能会给同一个单字不同的解释，而不同的学科（乃至于同领域的不同期刊之间），论文格式也有相当程度的差异，脚注或尾注的形式与位置也有些许出入。若你真的注意到诸如此类的细微差异，你可能会颇为诧异，居然需要注意这么多细枝末节的小问题（譬如：大小写、连结线、删节号，等等）。还有，很多时候根本很难确定到底该选择哪种格式才会被接受。举例而言，让我们来看看“参与观察”这个复合字的英文写法。美国人类学会的旗舰期刊《美国人类学家》（*American Anthropologist*），在该网站公告的投稿写作规范需知中，有关“参与观察”的英文写法是“*participant-observation*”，中间有连结线。但是，《人类学家期刊》（*Anthropologist*）采用的写法则是“*participant observation*”，中间没有连结线。对于初出茅庐的写作者，这种模棱两可的情形可说是好坏参半。坏消息是，英文写法没有放诸四海而皆准的标准原则。好消息是，在某些情况下若没有人做主，那你就可以自己做主，至少就写书而言，在某些地方，你可以自己做主。接下来，就让我们来看看几个实际的状况。

如果你以前从未有过投稿发表论文或出书的经验，那么你就不知道校样编辑会针对每份稿件设定一份专用的格式表（style sheet）。这份格式表会逐条详细说明该出版社将会如何处理你这份稿件所特有的一些格式问题。成熟的期刊通常会有格式表。即使没有白纸黑字的正式规定，编辑室也会有某些人士决定应该遵守哪些格式，而不会让作者任意自由发挥。格式表会针对拼音、标点符号、标题与小标题的格式、注释，以及其他必须注意的小细节，逐条载明应该如何处理，以确保整份文本从头到尾格式都统一而连贯，而且也完全符合出版社的规定。如果你目前正在写学位论文，就会发现，你的研究所（或是其他职责相当的机构办公室）一般都提供论文格式表，这也是系所体制施展权威的最后机会。万一你的写法偏离了系所明文或不明文规定的所谓论文书写格式准则，你就得做好亲身体验食古不化的官僚文化的准备。

建立属于你个人的格式表是个不错的想法。只是简单一张纸，逐条列出你对于英文单字拼写方式、连字号、大小写等的决定做法(或你的困惑),有了这样一份个人的格式表,就可以让你有意识地去检查某些容易造成困扰的字眼(例如:“adviser”或“advisor”,“gaining entry”或“gaining entree”,“judgment”或“judgement”,“macro culture”或“macro-culture”,你该采用哪一种拼写方式呢?)。你的格式表或许不能保证其他人接受你的写法,但至少可以帮助你找出前后不一致的地方,也可以提醒校样编辑,某些特定的(而且往往是一再出现的)用词时常给你造成困扰,再者也可以提醒你去查看研究所是否有某些特有的内部规范。

格式表确实反映了个别人的特殊偏好与习惯用法,所以如果你发现自己偏好与惯用的写法与出版物或系所的规定有出入,你就得做好投降的心理准备。不过,也不需要太早就自动缴械。写作格式总是不停变动的,出版社的格式表,以及主要的论文格式指南手册,都会不断修订。以权威的《芝加哥论文格式手册》(*Chicago Manual of Style*)为例,目前就有十几个版次的增订版。

参考文献的备忘记录与更新

同样地,参考文献的写法也有一套有据可循的统一格式。最适当的选择应该就是你所属学科采用的标准格式(如果有这样一份标准格式的话),或是其中一本主要期刊所采用的格式。以下列出的是一般参考文献普遍要求列示的简要内容。除此之外,你或许还会想要增列一些更为详细的信息:

- 每一篇引述资料的完整标题与副标题;
- 作者的完整姓名(不能只是名字的字母缩写);
- 完整的期刊名称,附加卷别与期别;
- 论文或合辑中某章的起止页码;
- 出版社的完整名称,出版社所在的城市与州名;
- 你参考时的日期,以及原始的出版日期——如果有所不同的话。

并不是所有期刊或出版社都要求列出以上这些信息,但是,只要稍微花一点时间就可以完整记录这些信息,当你投稿的期刊要求必须列出引述作者的完整姓名时,你就可能因此节省不少时间。

若引述的材料是很久以前出版的,但是你真正参照的则是最近出版的新版本,那你就必须提供原始版本的出版日期,另外再加上你真正参照引述版本的出版日期与页码(例如:Wolcott,1989[1967],p.107)。这样就不会看起来好像已故的作者又复活了,或是误把多年前出版的旧作当成新的作品。大部分的期刊都会提供作者引述格式的书写范例,也会提供电子出版的引述写法。[4]

不论任何时候,只要有可能,我会在笔记以及正式的参考文献条目中,补充有关参考文献重新出版或发行的更新信息。这样的做法对于参考后来重印而收录于书籍的期刊文章,或是先前绝版后来又再出版的书籍资料,特别有帮助,例如许多1960、1970年代出版的文化人类学、人类学与教育学的个案研究。

再提供一个关于整理参考文献的建议:在上下文许可的情况下,尽可能让读者清楚哪些部分是属于你的引述及其来源。某些情况下的确适合引述整个段落,不过如果你用批判的眼光检视论文这种大张旗鼓的引述写法,就不难发现,其中有不少根本就是厚脸皮的堆人名游戏。就像滚雪球一样,通篇文章黑压压堆满各种人名,根本失去了学术写作应该追求的恰如其分的严谨尺度。要真正发挥参考文献的作用,就不应该只是敷衍了事,随便列出作者的姓氏与出版时间,而是应该提供参考资料所在页码,而且除非文章中所引述资料本身的意义已经一目了然,否则你还是必须说明是如何引用该篇文献的[主要参考的资料:"请参阅"(see)。额外提供的参考资料:"请另行参阅"(see also)。提供比较或对照的资料:"请比较参考"(cf.)]。大部分的读者不会去查询你的参考资料来源,他们会依赖你所提供的来源信息,这也正是你必须提供正确且完整信息的原因所在。也有些读者会追查参考资料的来源,这是你必须这样做的另一个原因。

零散资料的分类备忘记录与追踪管理

随着写作的深入,你可能会发现需要将发展的主题、新的参考文献、被删除的段落等诸如此类五花八门的资料，放在合适的地方，并分门别类设立档案备查，以方便追踪管理。对于每一份写作中的稿子，我都会分别建立专用的文件或档案，在那儿，我可以暂时放置"工作笔记"，直到我决定要如何处置为止。我发现最重要的是，一定要把这类追踪信息记录在纸上或电脑屏幕上，而不是自信地认为有需要时一定可以记起那些细节。在进行微幅修改时，我会更加谨慎。现在，对于想要整体修改的部分，我不会直接删除然后重写，我会把它往前移动若干空行（通常就是连续敲键盘的"输入键"若干次），再插入修改后的新版本。等这些动作都完成，也确定新的版本确实比较好之后，我才会安心地把旧版本删除。

多年以来，我已经养成了一种习惯，随手记录下各种发人深省的只言片语、理论见解、格言、可能拿来当作书籍或篇章开场白的名言辞句、常见的外国谚语，以及我听过或是读过表达得很漂亮的观点或箴言。我把这些都收录在手写的笔记本中，方便时我也会随手输入电脑。我还特别为我的笔记本取了个名字：《语录集锦》（*Quotes*）。有时候，这些引文名句可能不尽确实，书目信息有所不足，我至少会把作者的名字列出来，以示尊重原著者的创作权。这么多年下来，我的《语录集锦》已经变成了一座相当珍贵的宝库，让我可以随时从中摘取各式各样的点子与名言。

寻求回馈

"回馈"（feedback）这个复合字乃是由两个词组合而成。第一个"馈"（feed），含有喂养或滋养的意思，这是大部分写作者渴望获得的写作养分。第二个"回"（back），则指出了方向。回馈是针对已经写出来的部分给予读后意见，而不是对尚待写作的部分提供指导意见。当你开始寻求回馈时，千万要记住这一点。不要经常去寻求回馈，尤其是如果寻求回馈的结果会让你频频停下写作进度，回头去修改已经写下的东西。这样会没法顺利完成初稿的写作。

我明白有些教授出于善意，总是要求学生写了博士学位论文的前三章就必须交给他们，认可后才能继续写（不幸的是，这其实就暗示了他们不太认可学生的自主研究能力)。而我给我的博士生的建议,与给其他所有写作者的一样:在你征询回馈之前,尽可自己闭关埋首写作,而且越久越好,甚至连暂定的结尾也该写好才适合去征求回馈。而且还必须审慎以对,因为就算是一点点回馈,也有可能带来相当深远的影响。

从给予者的角度来看,要在合适的时机对初期版本的草稿给予回馈,并且还要能够起到好作用,是很不容易拿捏的。接受者能够在对的时机,欣然且坦然地接受回馈,就更不简单了。这在质性研究更是难上加难,因为其中能够给予回馈的地方实在太多了。例如:是否找到好的故事题材?叙事的撰写是否合适、足够?分析与诠释够不够完善?就像任何写作一样,批评容易赞美难。评论者总是比较容易指出不通顺的句子,或是提出不同的解释以反驳你的论述;相对地,他们就不太知道该如何评论构思巧妙的研究、掷地有声的精湛措辞、精辟入里的洞察诠释,往往只有陈腔滥调的门面话,"我真的很喜欢""很棒"。即使是最有礼貌的审稿评论者,也比较倾向说坏不说好,除非他们只是针对大问题提出通盘意见,而把细节问题留给其他人去挑剔。不论回馈是出于善意还是恶意,几乎都是严辞批判与负面贬抑。你唯一能够拿来自我安慰的或许就是批评得越用力、越不留情,就代表批评者看得越认真。[5]

小心挑选评阅初稿的人,并且明确地告诉他们,在各个阶段你需要哪种评论,以及你希望他们评论到何种程度。除非是接受邀稿而写的文章,否则我都会找朋友或同僚帮我阅稿。这背后的想法是,他们会扮演我的支持团体,想办法找出可行的方式,帮我尽量把没写好的地方改得更加具体明确,而不会穷追猛打不断挑剔我。不过,只要不是不分青红皂白的否定,对回馈意见我都会重视。不论是进行中的工作稿,还是接近完成的定稿,没有先通过同僚们的评阅,我绝对不会把稿子投寄出去。我说"接近完成的定稿",是因为只要我们请他人给予批评,就一定会有人提出批评——批评是永远没完没了的。所以,如果你只是想要对方评估你的稿子是否已经达到可定稿的程度,而不想获得其他有关修改稿子的建议,那么你就应该事先说明。

在寻求回馈时,务必分辨清,研究的执行与报告是两码事。文采洋溢可以给一个不错的研究增色不少,但是却无法拯救糟糕的研究。你可以请初阶段的评阅者把重点放在细节的正确性与适当性上,请他们看你的叙述是否切中研究问题主旨,以及叙述、分析与诠释是否适当。那些熟悉你专业领域的研究人员视而不见的地方,却有可能被专业领域以外的评阅者察觉。如果文章内容空洞、诠释不着边际、焦点错乱、叙述内容轻重失衡,而审稿评论人却只着眼于格式规范的小问题,那根本就是本末倒置,毫无意义。同时,我们也得明白,没有任何一位评阅者有可能针对你的作品,巨细靡遗地就各个方面发表全面的评论看法。所以,你要有心理准备,不管事前如何知会对方你的需求,评阅者几乎无一例外都会多谈文章体例格式方面的问题,而较少涉及内容。毕竟那是属于你自己的报告,其他人只能帮助你传达你的想法,而不是喧宾夺主,让你沦为替他们表达想法的工具。

初期阶段评阅者的理想组合人选包括:一个学术领域圈内的同僚,他可以针对研究架构与分析部分进行评论;另一个评阅人选应该熟知该项研究的脉络背景,他可以根据自己的认识,检验你论文观点的正确性、适用性,以及对研究对象的敏觉度。如果你能够想办法让初期阶段的评阅者再评阅后来的版本,可别忘了引导他们多注意重写或增添的部分,这样可以让他们的评阅发挥更大的效益。大部分的评阅者只能依照(或固执于)单一观点来提供批判评阅,尤其是作者没有提供具体而明确的评阅方向时。如果你曾经担任过期刊编辑或学位论文审查主席,你应该很能够体会个中难处,要让评阅者搁置个人既有的观点,转而参考新的观点,并展开多元的评阅,是很不容易的。

面对建议与忠告,你应当这样做。首先是专心注意听。不要争辩,不要解释,也不要抗争。虚心接受,谢谢指教,并且确定你真的了解了评阅者告知的他们不理解的那些地方。即使批评你的人威高权重,你也还是能够和他们商讨改进。绝对不要认定你是唯一惨被剥夺自由的可怜虫,而其他所有人都可以随自己高兴,爱怎么写就怎么写。就像一句英文老话说的:言论自由只保留给那些已经拥有言论自由者。

和许多田野研究者一样,我也会设法邀请研究田野或场域当地的成员,来看看草稿(尤其是叙述部分的草稿)。我认为那是田野研究不可分割的部分,而且我也喜欢在后来修定的版本中记录先前几版校阅后的感想与评论(有关这种做法的赞成与反对意见,请参阅 Emerson and Pollner,1988)。目前,让信息提供者协助研究不但可行,而且他们也确实愿意阅读研究者所写的东西,并且提供回馈意见。如果你还没有想过这个层面的回馈,或许可以去看看卡罗琳·布雷特尔(Caroline Brettell)主编的《当他们读了我们所写的之后》(*When They Read What We Write*),(Brettell,1993),这本选集里头有不少发人深省的故事。更进一步而言,你的研究对象可能会希望,或是会坚持,必须让他们先读过你写的草稿之后,才能让其他人看或公开批露。

我相当鼓励研究者预先设想,如果研究对象和你意见相左或感到"不悦",你该如何和他们商量化解。我一向的做法都是,在公开传阅草稿之前,让有兴趣的信息提供者先过目,并且告知他们,我会认真看待他们的感受和对内容的疑虑。我认为,给予完全的否决权并不是可取的做法,即使是关键信息提供者,或是生活史的主人公,也不适合拥有完全的否决权。如果某人握有那么大的权力,那你的研究恐怕就会遭遇没法做的危险。研究人员也是人,也需要受到保护,免于遭受不必要的危害。

容我再次重申:一直以来,我总是尽可能延后与人分享草稿,而且延后越久越好。我必须确定自己已经把想说的表达出来,并且已表达清楚,然后才会放心把稿子送交给其他人查看。在我全心写作博士论文的那一整年(还有在那之前整整 12 个月的田野研究),我刻意搬到斯坦福大学校园外面,除了使用图书馆之外,其他时间就尽可能不到学校走动。我不需要其他被博士论文搞得焦头烂额的同学们的打气督促,我有故事要说。我下定决心,我首先要写出自己满意的论文初稿。在我缴交第一份完整初稿之前,我也很少寻求论文指导委员的建议。就算有可能不符合要求而被退件也不怕。但在这之前,我必须确定我已把自己的版本写好。

我很高兴,论文初稿缴交之后,审查委员们除了对篇幅长度有点小意见,并提出若干有关文书格式与编排方面的建议之外,其他的都顺利过关了。博士论文没有被刁难太多,这对于我未来的学术写作,毫无疑问打了一剂高效的强心针!虽然可能没有多少人会真的拜读你的学位论文,但千万不要忽视学位论文对你未来生涯发展的重要性,如果你有意继续投入质性研究,那你就更不能不正视写作扮演的重要角色。

虽然在那段充满焦虑的日子里,为了维持个人写作的自主性,我避免让自己过早面对“官方的”回馈。但是另一方面,我又迫不及待要和研究所的同学罗纳及他的妻子伊芙琳定期聚会,讨论进度、交换信息,并且相互分享与评论彼此的初稿。我们的研究各自独立,但也有些互补之处,我们在同一时间进行人类学的田野研究,研究的是邻近的村落、相同的一群人。除了这些共同点之外,我们的指导教师都是乔治·斯平德勒教授(Rohner & Rohner,1970;HFW,1967)。在论文写作的路上,就如同田野研究一样,我们也相互协助、相互支持。

若你觉得时间过得好快老是担心自己写的不对,我会建议你找个有耐心的人(单就这个原因,大概就不太适合找学术界的同僚),请他专心看完你的稿子,并给你充满鼓励的回馈。更理想的做法是,请别人大声念出你写的文字,单纯念念就好,不用给任何评论,顶多只给一般性的支持建议,像是“这里读起来还不错”,或是“这里需要更多的解释”。听见你所写的文字由别人大声念出来,可以帮助你理解你在纸上真正写了些什么。你对自己所写东西的体验或感觉,和那些东西给读者的体验或感觉,两者是不尽相同的。

要别人大声念出你所写文字的另外一个原因是,我们通常不太能够察觉自己念东西时的韵律或模式有什么不对劲。我们写的东西,自己念起来通常都会觉得很顺畅(直白说就是:“怎么听,怎么对”),那是因为我们知道如何去念,所以自然不会有问题。但是,每个人都有自己独特的语调和断句方式。当你听到帮你读稿子的人念着念着就结巴了,或是一句话念得上气不接下气——就像我那可爱的朋友安娜,她每次读到我论文草稿中比较长的句子时,就会出现这样的状况。遇到类似的情况,身为作者的你最好赶紧把红色笔拿出来,将有状况的地方圈点出来。

技术对于文书编辑的影响既深且远,几乎遍及写作与出版的所有层面。我很赞赏新技术使得审阅大量稿件的效率大幅提高,也使新闻编辑室的编辑得以直接修改记者传送进来的稿单。现在校阅者已经能够在审阅的文件上插入“评语”等注记,而不更改文件的原始内容。这样的校阅模式很合我意。我无法想象在其他人的文件上直接动手修改，尤其是初稿阶段，同僚之间单纯意见交流的建议实在不适合这种粗鲁的做法。

本章结语：维持继续写下去的秘诀

总而言之，让我再次强调贯穿本章各节的核心理念：保持动力，坚持写下去。无论如何，一定要把你的研究核心要旨诉诸文字写下来，即使写得粗略或零散都没关系。别小看了切中研究焦点的诠释语句，那有可能帮助你改进研究主旨宣言，就好像你逐渐开展的分析可能帮助你更理想地安排处理叙述材料。虽然在最后完成的定稿中，叙述材料通常会呈现在结果分析之前，不过还是会有例外的时候。若干值得进一步思考的事宜如下：

1. 当你在陈述故事并提出解释时，务必要把中心主题牢记在心。同时，还必须对主题保持一种健康的质疑态度。在写作过程中，你必须时刻提醒自己，你可能还没有抓住研究论文的目标或重心。另外也可能随着研究的进行，原先的目标或重心发生转移。一个可以用来重新确认研究焦点的方式就是向自己提问："我的研究到底是关于什么问题？"

2. 在这个阶段，尤其是在撰写初稿的过程，你的主要任务不只是把东西写出来，更要懂得如何舍弃资料，以便能够逐渐聚焦，最后完全"命中"(home in)研究主题所在。注意分辨有些议题可能和你目前的研究没有直接的或紧密的关联，你应该将这样的边缘议题暂时搁置或保留，等以后有时间时再考虑是否另外进行新的研究。

3. 不要因为缺少某些资料，就让自己停摆不动；也不要因为还没彻底了解某些问题或细节，或是不晓得该如何提出适当的诠释，就让自己给绊住。把所有困扰你的问题记下来，如果你能自己解决，那当然很好，可以和读者分享你的解决心得；如果你自己没能解决，那也无妨，因为问题在该阶段似乎一定会发生，所以你的记载也就可以提供给读者参考。然后，你就可以继续进行下一个进度的工作。读者不会因为你坦白了自己有所不知或没有假装自己无所不通，而责怪你有失本分。

4. 质性研究的写作应尽可能采用第一人称，除非你遇到某些食古不化的编辑或论文指导委员特别明文规定,绝对禁止使用第一人称的写法。让你自己据实地现身其中,但不要抢了舞台的中心地位。这世界不需要更多如下开头的句子了:“就笔者来看,这似乎……”(It appears to this writer...),或是“在这当中,笔者听到的是……”(What isbeing said here is...)。*

5. 如果你在陈述事情时,对于何时使用现在式和过去式不能够得心应手,不妨全部采用过去式的写法。不过,老实说,过去式的写法似乎给人一种诡异的感觉,好像那些行动结束了,当事人也好像变成“过去式”了。比方说,使用过去式的语法来述说“活得好好的”资料提供者(信息提供者),往往会让人感觉怪怪的。尤其是当你的田野研究工作还在持续进行,而你已经开始动手写作时,这种感受就会更加明显。不过,等到你的稿子经过多次改写,被编辑人员审查评论,乃至于正式发表后,你就会发现,对你而言,过去式的写法已经不再有任何奇怪的感觉了。再者,使用过去式的写法,你的陈述就不至于让人读起来好像那些资料提供者一直在做着或说着当初你在田野观察到的他们正在做或说的事情。

6. 运用你广泛的田野笔记与田野工作经验,提供具体实例,以这些范例做补充说明。千万不要小看举例说明的效力,合适的例子往往可以有效支持论述,从而强化你的结论,不只充实读者的见闻,更可让他们仿佛亲临现场,深入理解与感受栩栩如生的真实场面。这也就是人类学家克利福德·格尔茨给我们的挑战:致力于灵活运用“科学的想象力量,以带领我们贴近、触摸陌生人的生活脉动”(Geertz 1973, p. 16)。

7. 为你的同侪而写。他们极有兴趣知道你的写作进展。你把他们预设为读者,并且根据他们的学识背景与兴趣来设定论述的层次定位。比方说写博士论文时,脑子里应谨记,此论文是写给研究所同学看的,而不是给博学有成的论文指导委员。你取得博士学位后所做的研究则

* 【译者补述】:直接用第一人称的方式,现身说法当事人发生了什么事,或说了什么话,如此即可。而不需要再让研究者以旁观者的观点,以第三人称的方式来描述或转述研究对象或客体的言谈与行为。

应该将读者群设为对你的研究主题所知有限的学界同侪,而不是那些专门研究该项主题的少数专家。SAGE 出版社的编辑米奇·艾伦提醒,千万别陷入学术界常见的一种要命的误解——总以为学术写作就应该征服“WNC”(Worst Nightmare Critic,最恐怖的噩梦评论人)。米奇形容这种人就是比你懂得还多,而且迫不及待,针针见血,巴不得把你痛批得体无完肤。根据米奇的观察,这种评论者不会是你的读者群,而且“就算你写得再好,他们也还是会把你批评得一文不值”。所以,最明智的应对之道就是,根本不去理会他们。

8. 设法强调你所提出的重要论点。写作的人无不希望写出天衣无缝的好文章,但最后完成的作品却往往差强人意,只算通顺而已。注意文章的段落区隔,好让各个论点拥有相互区隔的空间。不要吝于提供大量的标题与小标题,这有助于聚焦读者的注意力,掌握行文焦点的转移。

9. 我们常常听到关于避开写作雷区的忠告,对于这些告诫,你务必铭记在心,其中包括:避免冗辞赘字、被动式语态或是繁复难懂的语法结构、太长的英文单字、浮华不实的辞藻、过多的抽象名词和指涉对象不明的代词,还有不恰当的形容词、副词位置(以至于读者因此误解了修饰词所要修饰的对象或范围),以及严重失衡的章法结构。但是,也不要因此顾虑太多,缚手缚脚,无法顺利地把想法写下来。你可以等到后面修稿阶段,再仔细校对文字与格式,届时你也可以寻求他人帮助,或是花钱请人帮忙。你初期写下的草稿,不一定要给人看。随着你的想法逐渐成形,而且越来越精准,那时你再让自己享受舞文弄墨的乐趣,不过前提当然是要通过精心构思的漂亮字句来充分表达你的想法。

10. 在你撰写研究报告还没有达到相当进度之前,请尽量延缓寻求他人的回馈意见。在你还没有弄清楚自己的想法之前,不要过早寻求他人的协助。

本章注释

1 因此,这些档案有时就被称为“补遗档案”(drop files)。

2 举例而言,我有一位同僚对于教育议题颇有兴趣,于是她选择美国公立教育多事之秋的一年作为探索的题材。另外,她又有着历史学家的特质,特别喜欢彻底搜集资料。结果,一整年那么多的资料堆积得让她动弹不得,实在不知道该如何整理,也不知道从何整理起。于是我就建议她,把那一年发生事情的资料分成十二个月,每个月设立一套档案夹,然后每一次专心整理某个月的资料。不见得一定要照着实际月份的顺序来书写,或许可以选择从“简单”或是特别有趣的月份开始写起。不过,这样一个“逐鸟解题”的策略并未获得该位同僚的青睐。后来这个研究的撰写也没有下文。

3 Miles and Huberman 的《质性资料分析》(*Qualitative Data Analysis*)(1984,1994)* 一书,对于跨场域研究的分析程序有相当深入的讨论。另外请参阅 Noblit and Hare 的著作(1988)。这些议题涉及综合与整并个案的问题,不过这已经超出本书的探讨范围,在此不另赘述。

4 两则电子出版的评论实例,请参阅 Wolcott(1999b,2008b)的参考文献部分。以下列出的格式就是我在 2008b 一书中采用的格式,请注意这个写法与“TC Record”期刊建议的格式略有差别:Wolcott, H. (2008). Telling about society [Review of the book Telling About Society]. Teachers College Record. Retrieved from http://www.tcrecord.org/content.asp? contentid = 14871.

5 本书第 2 版的编辑黛博拉·劳顿,她那种反其道而行的做法,则让我又惊又喜。她在我稿件的边缘空白处,密密麻麻写满了各种溢美之辞(“漂亮”“直击要点”“行云流水”“真知灼见”)。在受宠若惊之余,也逼得我不得不翻开每一页,重头到尾彻底仔细检查,生怕稍有一丝疏忽或闪失,就让自己落得根本承受不起如此美言的尴尬下场。但我提醒各位读者,千万不要奢望能遇到很多这样不吝美言的编辑。

---

* 该书中文版《质性资料的分析:方法与实践》中文版已由重庆大学出版社引进出版。——编者注

连结起来 4

Linking Up

人类是这样的一种动物，

他垂悬在自身编织的意义罗网之中……

——马克斯·韦伯(Max Weber)

转述自克利福德·格尔茨(Clifford Geertz，1973，p.5)

走笔至此，我一直强调研究生旨宣言的撰写，同时也促请你专心致力于此。我甚至还建议你，应该把注意力贯注在文章开篇的第一个句子“本研究的目的是……”。这样的句子放在定稿中第一章第一段的第一个，虽然直截了当实在不太有想象力，不过，好处也相当明显，那就是开门见山把你想要做的研究梗概一目了然地传达给读者，同时又让你直接切入正题。

不过，研究终究脱离不开社会脉络，如同其他所有的人类行动一样，必然由多重因素决定，也就是说，研究必然是多重因素复杂交互的结果。如果研究者一心一意只关心个人的研究意向，并且只专注于研究可以产生什么样的结果，那么研究焦点就会过于狭隘。研究者也是人，而凡人都是垂悬在自身编织的意义罗网之中，因此，研究者自然也有着超出个人目见范围之外的诸多其他脉络与目的。现在，该是把注意焦点扩大的时候了，要把研究看作社会行动，并且注意在专业使命召唤之下，追寻多元目的（请特别注意，目的是复数的）。我们如何把研究，以及我们自身和其他人事连结起来？

将自己的研究和其他人的研究连结起来的契机，大多在下面三项中。第一是文献探讨，第二是理论，第三是研究方法。这三项主题几乎已经成为约定俗成的仪式，在许多质性的（和大多数量化的）学位论文各自分配一章。只不过很多时候，在读者还没来得及见识到研究者真正想呈现的东西之前，文章就已经用太多繁杂的细节堆砌出了许多拉拉杂杂的主题。因为积习难改，许多人在取得硕、博士学位之后，还继续保留这种标准的“学位论文写法”。在这儿，我的主要用意不是要突显这三个项目在一般研究过程中普遍采用的做法，而是想要探索若干替代做法，借以把文献、理论，以及研究方法连结起来，从而提升你的研究。

不论是学位论文写作、投稿期刊、洽询出版社出书，你都务必先要确定，那些你必须遵守的写作规范是确实存在，还是只是一些传说。我记得我曾经为了“文献探讨”的必要性，和一位资深教授有过一番争辩。她坚持自己指导的研究生一定要完成第二章“文献探讨”。她强烈捍卫该立场，并且表示那是所里的规定。我完全认可，她可以规定自己的研究生一定要完成这么一章（像艾尔弗雷德就照规矩写了这么一章,而他正好就是她指导的研究生),但是我坚决表示,那些所谓的“规则”是她自己规定的。我请她一起去研究所办公室,查明学位论文的相关规定究竟有没有她所要求的那些项目。

后来,她私底下让步表示,所里的相关规定也许真的没有那道“规则”,但是,她个人还是坚持研究生必须完成如此的文献探讨,才能够证明他们有能力胜任博士论文。或者,照她的看法,才可以证明学生有足够的能力“驾驭”其论文研究领域的背景知识。[1] 平心而论,我从来不曾反对,研究所应该找出某些方式考查学生是否有能力驾驭特定领域的文献。然而,学位论文研究的核心目的应该是:让研究生有机会去锻炼与展现个人聚焦某特定事物或现象的研究能力,可是研究生在写作文献探讨时,却往往背道而驰。* 因此,规定研究生必须在学位论文中专门写一章“文献探讨”,其实只会造成他们不知道如何聚焦研究主题的反效果。要评量研究生是否具备驾驭研究文献的能力,其实可以用其他任务来代替,譬如写一篇综合报告(synthesis paper)。**

我个人的提议是,在学位论文或其他学术写作中,不要把文献综述视为互不相干资料的拼凑练习,而是在考虑恰当性与必要性的基础上,慎重选择你认为相关的文献,从中找出可能存在的各种连结关系[2]。这意味着,在你的研究报告还未确定出较为宽广的脉络之前,你必须沉住气,除了最概况的评论之外,其余的各种深入评论最好都暂时按兵不动。***

这儿我是假设你有某些重要的事情值得报告。不过,事实并非总是如此,尤其是学位论文的写作。你要报告的问题有可能还悬而未定,或者你发现还需要重新界定研究主旨宣言。如果是这样的话,那么文献探讨对他人研究的综合连结(如果文献探讨的综合连结水平相当出色的话),可能会成为值得发表的新成果,而论文的理论架构也必须随

---

* 为了完成文献探讨在形式与篇幅上的要求,研究生无所不包地网罗了五花八门、参差不齐的文献,其结果往往是模糊了研究的焦点。——编者注

** 学生针对多份指定文献,综合比较个中论述观点的异同所撰写的心得报告。——编者注

*** 重庆大学出版社引进出版的《会读才会写:导向论文写作的文献阅读技巧》一书,即针对文献综述及文献与写作的关系传授技巧和经验。——编者注

之改弦更张(还有标题也需要重新修订)。当然也可能,你的研究仅在于个案范围的有限贡献,或是描述某种田野研究的新技术。

我想,研究人员确实有很多(而且通常是太多)东西要报告与分析,叙述取向的研究尤其如此。果真如此,那么在报告你自己的观察所见之前,不要期待自己必须针对前人的相关研究做出深入而全面的文献探讨。

文献探讨

我先前建议,其实可以不用在第二章(这儿,我把"第二章"当作是专有名词,因为这名词有其独特的意义)专门呈现传统的文献探讨,或许你认真听了,并因此如释重负。尤其是在你的感觉如同贝克尔所说的"被文献吓坏了"时,你不清楚该如何妥善运用文献探讨(请参阅 Becker,1986:第 8 章),而且还必须面对这样伤脑筋的繁重任务。现在,请注意,我的话还没说完,请耐心听完,而不只是挑选听起来会让自己愉快的部分。

让我提醒你,我告诉你的东西,这一章,还有这整本书,背后没有任何必须服从的权威。你的研究不需要获得我的同意或满意。引述我的看法作为一种权威见解来支持你背离所属学术领域的传统做法,不但无助于你避开应该遵守的规范,而且还可能给我们两个惹来麻烦。如果某些权威人士指示你必须写传统的第二章,或是类似的文献章节,你就必须遵照办理,认真去回顾与探讨文献,概括说明你的理论取向。你或许可以和他们商量采用我所提议的替代做法。如果不行,那就接受现实,迎接挑战。这种经历对你到底好不好,不好说,但是我可以保证,如果你不照着规定做,肯定不好。另外,也务必特别注意,如果你被要求必须写这些章节,就必须负起责任,弄明白应该纳入哪些文献(请注意,这又是复数)——研究方法、理论、先前的研究经验、问题对于社会的意义或重要性、哲学的意涵、政策或实务应用的意义与可能启示,诸如此类等。

对文献的探讨应该直接触及你所要探讨的问题核心,而不是在一开头很多事情还没有头绪的状况下,以文献综述来展现你在该研究领域的博学多闻。评审人会假定你投入这样的研究自有一番道理,而且文章当中自然会适时交代清楚。他们不太可能坚持说,你必须先彻底交代研究问题所在领域来龙去脉的完整历史后,才可以开始自己的研究。如果读者有心阅读你的论文,他们对于相关背景自然会有相当的准备,有能力直接加入你的探寻之旅,共同分享你对于探寻主题的发现与贡献。学院教学与学术写作之所以枯燥乏味,症结之一就在于,不论处理任何问题,都得要回溯到这些问题最早出现的文本,并且煞有其事地从头逐项说明该问题如何由源头一路发展到目前的过程(学位论文更是其中之最)。事情的起源固然重要,但不一定总是需要依照发生的顺序逐一呈现。对于刚起步的研究新手,简单扼要地解释清楚该项课题的意义与重要性就足够了。

大费周章地用一整章篇幅来铺陈与你的研究有所关联的各种文献,这种做法实在不可取。我提议的替代做法是,简单扼要地说明支持你从事该项研究的理由所在,并且根据“时机适宜与必要性”(when-and-as-needed)原则,摘取相关而必要的他人研究作为佐证(时机适宜与必要性可以作为本章主题“连结起来”的最高指导原则)。详尽的文献综述比较适合放在研究结果陈述结束之后,而不适合置于研究报告的前头,用来宣告研究的源起背景。我反对纯粹只是拼凑堆积一堆东西,然后一股脑儿倾倒给看得莫名其妙的读者。大多数传统的文献探讨费力完成后,似乎就是这么一回事。这种做法更可能制造障碍,让读者弄不明白你的研究到底在哪些方面有何贡献。

由于你已经遵行如此的做法许多年,你可能会觉得有双重的义务继续遵守这样的做法。这没有什么不好,只要你能够把文献探讨妥善融入对研究主题引人入胜的聚焦叙述中,同时又不会让读者觉得不知所云。你如果为了要出版而进行学位论文的修改,那么就更应该注意这些地方。不过,如果你是迫于学位论文审查委员的希望与督促,而不得不提供传统形式的文献探讨,那么你或许可以找审查委员商量,看看能否把文献探讨整合到研究计划中,而不是一定要摆进最后的学位论文正本。借由这样的变通方式,你可以展现自己对于文献的驾驭能力,同时又不必把这些文献硬塞进学位论文预先规划好的某个位置(比方说:最常见的位置是第二章)。完成学位论文之后,如果你觉得有必要记录研究缘起的背景,就写份研究缘起的草稿,先搁置一旁,晚些时候再决定,读者是否有可能确实需要如此透彻的背景介绍。取得学位之后的学术写作则可找寻替代做法来完成文献探讨所要达成的实质目的,而不是一味依循同样的做法,只因为那是所谓传统。

我丝毫无意劝导你,完全不理会和你的研究有关的研究著作。透彻探讨所有相关研究的做法,比较适合保留给综合评述类型的论文著作。综合评述的论文当然有相当大的贡献,对任何领域的研究人员都有很大的助益。不过,引述原文的次数不要太过频繁,而且引述要恰当——引述的内容具有关键的参照作用,有助于分析与厘定你所探讨的问题,让读者看清楚你的研究宽广的学术脉络背景之下的相对位置,就是恰当的引述。一般而言,读者要到你呈现结果讨论时,才最想了解你的研究在其他众多研究中,究竟占有什么样的相对地位。

要彻底而全面地探讨相关文献,你不可能只依赖当下流行的Google搜寻引擎。Google或许是搜寻相关文献的绝佳出发点,但是,你还得通过其他渠道进行更深入的探索。你必须确认在你的研究主题领域内,目前或最近有哪些人做过哪些重要研究,以及这些人研究还有哪些不足之处,从而给自己的研究与贡献找到一个可以切入的定位。对于相关主题研究集中出现的期刊,应该要随时密切关注,尤其是特定主题专刊。总之,直到你觉得已经彻底搜寻所有重要的线索,而且可以称得上是该项主题的专家时,文献探讨才称得上彻底而全面。[3] 但是,在你展现自己博学多闻之际,务必要知道如何去芜存菁,只保留其中最好的,剩下的就别浪费笔墨。

如何使论文与理论产生连结

除了回顾相关主题的研究之外,你可能还需要针对理论的议题提出具体论述。有时候,我们会觉得自己的研究不太有理论方面的蕴义或启示,但是没有人会让你轻易就把理论的议题完全抛开。话说回来,讨论理论的议题其实可以有许多不同的方式。我们不需要把理论视为另一道必须遵守完成的学术仪式,或是在取得学位前必须设法克服的另一道障碍。

我建议，在你所要介绍的材料尚未齐备之前，最好不要投入文献探讨的工作。此外，在你还没弄清楚自己到底有兴趣探究哪些事物的理论，也还不明白这些理论和你的主题有何直接关联时，也最好不要一头热地投入理论的探讨。总之，稍安勿躁，不要在上述事项尚未明朗之前，就急着开始介绍理论。要沉得住气，时机尚未成熟之前不要开始搬弄分析或诠释，那会干扰叙述的顺利开展，你能做的应该仅止于重点标示出你打算在后面阐述的事项或概念。这不是说，叙述、分析与诠释之间必须泾渭分明，而只是提醒我们自己最好把焦点放在叙述，直到你已经有了稳固的基础，才着手展开分析，并决定应该在哪些地方参照引述他人的研究。

当你准备好开始进行分析与诠释，最好考虑采取多元的角度，也就是同时呈现各种可行的观点，而不要独尊一方，只呈现其中最讨喜的一种。我们必须戒慎提防轻率的简单解释，似乎搞定一两个因素就可以轻松化解我们所提出探讨的问题。人类的行为涉及相当复杂的因果影响，我们的诠释应该反映这些复杂性，而不是一副我们推知出"真正意义"的奇才模样。质性研究人员应该抱着欢喜的心去揭显问题的复杂，努力做到人类学者查尔斯·弗雷克(Charles Frake,1977)的建议：恰如其分地呈现事物的复杂面貌，而不要解释太多反而让人感到更加含糊不明。给事情提供一个萝卜一个坑的简洁解释的任务就留给量化取向的研究者，他们比较适合，因为诚如邓金和林肯的看法："量化研究人员把世界抽象化，而很少直接研究世界本身。"(Denzin & Lincoln, 2000,p.10)*

诠释的合适位置应该是在研究报告的总结部分，在这儿，你将自己的研究放到更为广阔的脉络背景下，这个地方最适合你援引参照他人的研究与想法。学术界的写作者有时候禁不住一种雷蒙德·弗斯(Raymond Firth)传神地称之为社会理论的"炫技游行"(请参阅 Sanjek, 1999,p.3,注释)的诱惑。不论理论的深浅，描述与应用理论的最佳位置就是在诠释的阶段。在导论阶段就开始谈论理论，时机尚未成熟，而且很容易流于抽象。应当直截了当地让读者获知你打算把理论探讨深

---

* 邓金与林肯主编的《质性研究手册》已由重庆大学出版社引进出版。——编者注

入到何种程度，切忌语焉不详或故作神秘。理论讨论必须有实际作用，而不是为了装点门面。在这方面，罗杰·桑耶克（Roger Sanjek）也认为，阐述运用理论不同于炫耀展示理论。他描述了如何把理论当成一种资源扩展田野研究的写作，并且提供了一个实用建议——“我找寻的理论不会超出组织与叙说故事的需要”（p. 3）。理论应该协助你把研究写出来，而不是造成干扰，让你碍手碍脚，难以顺利写下去。当你能够让理论“为你工作”，就用它。如果理论只是“给你制造工作”，那你就另找其他替代途径完成叙述并提出你的研究结果所需要的解释。

当然，如果你的研究一开始就是用理论来引导的，那么你就有必要在报告前面就让读者知道那些理论。但是，就这么多年来我观察学生与同僚而言，多数论文中的理论是牵强附会的，很明显是为了给搜集到的资料提供一个自圆其说的合理化说法。理论确立之后再依照理论的引导，着手进行资料搜寻的做法是很少的。田野取向的研究人员往往比较容易受到理论的影响（或惊吓?）。从我们探究事物的方式来看，我们在本质上乃是脚踏实地、双脚沾满泥巴的观察者，充其量是理论借用者[或是某些人眼中的理论“盗猎者（poachers）”]，而不是理论创建者。把硬科学那种由理论驱动的研究模式看成标准，拼命效仿与追赶，只会徒然加深我们对物理学的羡慕与自叹不如。除非你认定只有穿上白色的实验服，才算得上精准而慎重的科学观察人员，否则趁早忘了那种硬科学的模式，尽本分让你的“理论探究”中肯和适当即可。在重新发行的《文化的诠释》（*The Interpretation of Cultures*）一书中，作者克利福德·格尔茨（Clifford Geertz）特别写了一个新序，提出了如下的观点：

> 这种逆向的做法——你先着手写了，然后才反过来，开始弄明白你写的究竟是关于什么——这或许有些古怪，甚至不太正常，但我认为，至少就大多数的情况而言，这就是文化人类学的标准程序。[2000，p. vi]

或许我可以大胆地说，上述的做法也是大部分质性探究的标准程序。发现才是我们的拿手好戏。找出理论的蕴义或启示，固然是研究过程中重要的一环，且应该被期待，但我们却不应该把它视为必要条件。并不是每个研究人员都有足够的能力或训练促进理论知识。就个别研究者而言,只要你尽力而为,就已算不负使命了。如果你还没有准备好挑战理论,那就另请高明,让其他更适合的人来承担这些挑战——尤其是如果你觉得理论跃进格外牵强,又吃力不讨好时,那就不要再硬着头皮非要做理论研究。如果你已尽力写好叙述部分,而且也在个人能力所及之内提供了分析(与诠释),那么你就已经尽到了该尽的义务,让你的研究能够为人所知晓。我们也必须知道,有些学者其实比较希望我们做好基础的叙述工作,好让其他有志于钻研理论者可以心无旁骛地做好他们的工作。看看前辈心血结晶不断遭到推翻,应该可以提醒你,没有人能一劳永逸,一推出自己的理论就彻底解决所有的问题。我的直觉是,如果你被吸引投入质性研究,那你八成就不属于非理论研究不做的那群人。

如果你能够自由选择(意思是说,如果你不受其他外来指示或规范的约束),那么在论述研究问题时随着话头顺带介绍你对理论的各种关注,或是将理论整合到叙事报告中,而不一定非把理论塞到最前头,好像你的研究自始至终都是受到该理论的促发或引导。一种用来发展研究"故事"的方法,就是去讨论在哪个环节,你会(迫不急待)渴望用某些理论或概念的架构,或是某些组织元素或叙述元素,协助你把资料铺陈为一个言之成理的叙事。最起码的程度是,该理论能够提供足够的结构引导你的文章铺陈发展。如果只需要一个或两个概念就足以合理地组织文章结构,达成研究论述的目的,那么就不要贪多,延伸的理论探索就留给其他比较专精于(或是比较勇于)理论思考与论述的人,让他们从若干较宏观的理论层面去钻研这些概念为什么适合阐[illegible]研究目的。

[illegible]论应该对探究过程有所助益,别只是希望利用理论快捷地给研[illegible]满足各方期待的速成结论。如果你描述自己如何与为何开始探[illegible]论(可能你确实已经这么做了),那就讨论其中有哪些是你感觉需[illegible]希望研究结果发现的。研究工作必然总有未完成的部分,但是研[illegible]告却可以既坦诚相告这一点,同时又有相当程度的满意结果。你[illegible]真正视你所写的只是现阶段暂时的结论,可能只是你学生生涯探寻理论奥义的开端。能让你投入的研究,不只需要具有真正的重要意义,而且也必须是你真心有兴趣的。

理论的探寻,也像建立有说服力的文献综述一样,可以提供另外一种渠道,让我们与其他人先前的研究著作建立起连结,同时也提供一种便捷的渠道,让我们得以传达自己的兴趣与探寻的核心所在。“理论探寻”阶段是学位论文审查委员、系所同僚,乃至匿名审稿人,可以——但是很少真正做到——发挥无价贡献的地方。研究高手可以而且应该指出可能的理论线索与连结,而不应该贬损研究后辈的心血努力,他们拼死拼活地想要让自己的研究能够和理论搭上线。[4] 其实我们在撰写研究报告时都有可能犯“隧道视觉”的通病,看不见更宽广的蕴义,或是注意不到其他相关研究提供了新鲜的或是较清楚的观点。

这种可能的无价贡献,必须以提供援助的立场来给予,而不该用强迫命令的方式加诸对方。在温和的督促之下,我们大部分人都有能力加强分析的深度或广度。但是,出于善意逼迫学生朝理论发展则可能让人备感威胁。博士生在撰写学位论文时,经常被问这个问题:“你的理论在哪里?”可他们会觉得在时间压力之下自己已经竭尽所能,甚至已大胆冒进地在他们的研究中展开了理论的探索。[5] 这其实是教学的良好时机,前提是提供的协助必须真正对学生有帮助。当出于善意的建议没被学生欣然接受时,比较理想的做法或许就是保留一点空间,容许羽翼未丰的研究新手,得以稍微自由地阐述其叙述性研究的个人所见与心得,而不是越俎代庖,强行夺走学生的主导权。越俎代庖可能会让论文更好些,却也可能从此吓坏了初试啼声的研究生。比较理想的方式是容许学生缴交一份自己独力完成的研究,理论深广度的要求可以放松些,而不是让人感觉整件作品仿佛惨遭强拉猛扯(甚至是撕裂扯破),被硬生生拉抬到学生尚未能企及的理论高度。

1964 年,我在学位论文审委的督促期许之下,终于完成博士论文,结果堪称圆满。我颇感庆幸,论文审委们对我的论文叙述部分,纵使没有到欢欣鼓舞的热烈程度,但大致上都还算满意。再者,虽然他们对于是否要对我多施加一些压力意见有分歧,然而最后也都一派和谐,没有人坚持给我施压。如此相敬如宾的结果就是,在往后的日子里,每当有同僚或是审稿人出于善意,督促我提出较强的诠释与理论,我都会把他们的用心解释为温和的促请,而不是强制就范的逼迫。研究的所有权仍旧属于我自己。如果有某些读者觉得其中理论着墨不足,我只能说,至少我已经尽力提供了恰当而充足的叙述，至于理论的开展部分，就留待其他高明之士再行钻研发挥了。

相对于我个人还算圆满的经验，我同僚指导的研究生毕业多年后不以为然的怨言则让我颇为感慨。她告诉我，一点也不想多此一举地把学位论文装订成册——“何必呢？那些字句又不是我自己的，而是照着指导教授的意思写出来的”。[6] 像这样的强力介入，最常见于指导教授出重手提供理论方面的协助。或许是出于好意，有些指导教授会指示研究生在旁暂歇——“这儿，就让我来接手，你好像不知道该怎么做才对”。就在最近，我先前单位的同僚担任学位论文审委，他私底下告诉我，他实在没有多余时间让学生慢慢研究熬到他所期望的理论高度。听起来很熟悉，不是吗？这是学术圈常见的打击研究生士气的方式，其实这种时候，循循善诱、徐徐图之，也许效果更好。

理论扮演的角色

在日常对话当中，“理论”这个词并没有什么特别的魔力，说穿了，其实也就和前提、根据、预感、猜想、臆测这些寻常用语的意思差不多。我有朋友就穿凿附会地编出了一个很妙的“理论”——好莱坞的电影大明星总是结伴三人接连过世，这种无厘头的说法倒是屡试不爽，不过，当然咯，你得把计算的方式放得宽松些。

但是，当研究人员赋予理论崇高的地位后，“理论”这个字眼就可能变得尾大不掉。在论文审查者、编辑或指导教授的手中，理论变成了学界的当头棒喝，不论是有意或无意，经常吓阻了申请者、作者，尤其是吓坏了正在斟酌研究构想或是希望提出研究计划的研究生。不但没有把握好教学相长的良机，交流相关的合适理论（再次重申，请特别注意这理论绝非单数，而是复数，是指若干个可备考虑而相互竞争的“假说”），而且还强迫学生们接受指导教授指定的理论，否则研究就不准继续向前推进。若干年前，有一篇期刊论文，标题相当传神地捕捉到这样的想法，就叫作“要想前进，先搞个理论吧”（*To Get Ahead, Get a Theory*）。

文献探讨原本有机会成为关于理论的知情对话，同时也检视理论可能扮演的角色,不过传统的"文献综述"做法却往往变成一种障碍,人们几乎很少或完全没有正视这种内在的危险。研究报告一旦开始涉及理论的探讨,客观的陈述往往被牺牲,取而代之的是一心一意只想论证理论。如果研究初衷是为了证否理论,虽然证否过程本身有着某些迷人之处,但结果并不能带来太多实质的益处。而且证否或许可以构成一种叫好的"科学",却难以构成一份叫好的报告。专业期刊欢迎的投稿,乃至于采用刊登的文章,几乎清一色偏向有具体研究成果的报告。

我努力说明理论当然是重要的,同时也希望不要过度夸大理论不切实际的崇高地位。为了达成如此的双重目标,我提议一个适中的定义:理论就是由合理答案所引导的一种发问(探寻)。如果你对于所要探寻的问题已经有一个合理的答案(解决方式、解释、诠释,等等),那你就可以将答案作为探究的焦点切入。不论你是否称自己的研究为理论导向型研究,都可以依据你自己的需求或来自他人的要求,来决定研究是否走理论导向。

不过,如果你没有找到一个合理的答案,或是还在努力试图厘清什么问题才是合理的研究问题,那么你大可以在理论层面去探寻。最适当的时机就是在归纳结论的时候。到了这个阶段,你可以充分思索在你观察所见中浮现的诸多问题,以及理论如何引导你对研究结果的解释。你也可以阐述你的研究和他人研究之间的可能连结关系。在报告完你的研究结果与阐述可能的理论连结之后,你就可以在建议的部分,提出你认为需要在未来进一步研究的问题。还是在这部分,你可以讨论你的研究可能隐含的理论蕴义。不能否认理论的重要性,但是温和地引导出研究结果与他人的研究和想法之间的连结,比一味坚持展现只有很少人明白的理论深度要好。

叙述性的研究,最好等到研究结尾才来处理大部分理论方面的恼人问题,而不宜一开始就为此大伤脑筋。但是,话说回来,研究是否真的不能回避恼人的理论问题呢?若我们像有些人"玩"观点那样"玩"理论,这样做会有什么损失呢?还有,一直也有人建议,我们不需要,甚至也不应该自我设限,每次只采纳一种理论。约翰·加尔通(Johan Galtung)就此提出了理论多元(theoretical pluralism)的主张(Galtung,

1990,p.101)。万一你把理论看得高不可攀,以至于在研究著作中根本不敢妄想有任何的理论,那么你不妨试着去检视你所使用的概念、观点、直觉、灵感、臆测,乃至于你最接近实情的猜测。退一步来讲,你也可以试着抽丝剥茧,找出引导你研究的关键预设?不要自欺欺人,说你的研究完全不涉及任何理论,只要你能够陈述一个问题,只要你论称人们可以合理"研究"该问题,那你其实就已经做了包括研究本质与研究作用的预设。

理论的另一个作用是通过相对宽广的理论连结,来弥补质性研究最让人诟病的一个缺点:个别的研究或大家的研究总合起来,都缺乏累积效益。一般而言,每个质性研究都是独一无二的。可能是因为大部分质性研究人员都有很强烈的独立性,而且个别研究的范围也比较局限。因此,不妨踏出一小步,除了展现慷慨的精神肯定他人的研究外,也让每一个人都能够善加运用前人的研究成果,来诠释后续的研究发现,让每一次不同层面、不同观点的研究心血与成果得以聚沙成塔。

我们这些投入研究多年的老手应该更积极主动探索处理有关理论层面的问题,包括思索为什么新旧研究之间不太容易找出概念的连结,以及理论的探索如何(或能否)克服这方面的缺点。这当中可能有不少环节是教育与启发学生的良机。不要动辄报怨,批评他人的研究理论贫瘠,乏善可陈。深入探索理论奥义的挑战是如此沉重,不需要也不应该加诸在研究新手的肩上,应该承担这份责任的其实是我们这些资深研究者。这些都是常年存在的老问题,不应该一波接着一波推卸给入门未久的研究新手。

对于质性研究普遍缺乏理论深度的情形,或许我们也应该抱持宽容的态度。我不会因为自己的研究作品缺乏理论深度而感到尴尬,也不为此而抱歉。我也清楚,那些特别重视理论研究的人士对我的研究不太会有兴趣。就我的研究写作而言,诠释就是名副其实的"诠释"。我不否认其中可能存有理论的蕴义;我也不否认,我的资料就如同所有资料一样,总可以归属到某个理论。我认同威廉·詹姆斯(William James)的一个说法(转述自 Agar,1996,p.75):"如果心中没有任何理论,你甚至无法从原野捡出石块来。"让人感到不知所措的似乎不在于理论本身,而在于"理论"这个用语,还有加诸该词的神秘魔力。

我喜欢引述达尔文关于理论的建议(写于1863年),因为他的大名几乎就等同于理论,尤其是等同于从事伟大理论的探究:

> 让理论引导你的观察,但是在你尚未扬名立万之前,最好不要白费心力去投入任何理论的发表,那会使人们怀疑你的观察。(转述自 Gruber,1981,p.183)

达尔文这样的谨慎小心,是提醒我们不要随便公开做出理论的宣称,而不是要我们回避私底下的理论探究。事实上,从他对于理论的作用的思考来看,我们可以推测他其实是有感而发。觉得所有的观察都必须服膺于某些更高的目的,这是研究学者责无旁贷的使命。而达尔文所说的是个更高层次的目的,也就是所谓的宏大之问(The Grand Question)。在他心目中,几乎毫无疑问的就是:

> 每个博物学家,不论是在解剖鲸鱼,还是在针对螨、真菌或纤毛虫进行物种分类,心中都必然有着这么一个宏大之问,那就是:"生命有什么样的定理?"(转述自 Barrett et al.,1987,p.228)

我假设,达尔文和理论之间并无纠结,我和理论之间也没有。对于理论,我并不认为非得一定要怎样处理才可以放心。多数时候,学生如果一定要从他们所见有限的观察结果一步登天,攀扯那些高高在上的"理论",我总会劝退不劝进。我希望我写的研究是扎扎实实的,叙述充分而恰当(descriptive adequacy)。我也希望我的学生们和我志向一致。

我所提出的理论说法,大抵是立基于田野研究搜集的叙述资料,而且不脱离社会科学的基本概念。我在全部研究中运用的技术或理论概念都不算深奥。其中使用最广、仰赖最深的概念就是"文化",那是我由人类学训练承袭而来的。我心知肚明,有些同僚对此隐然有着颇多的担忧,他们总认为,文化概念充其量只是"虚晃两招"(points with an elbow,意思是说,"文化"一词过于笼统浮泛,不够精辟入里,无从深入问题的核心)。但是,话说回来,对那些对于理论的角色表示审慎怀疑的人士[例如:保罗·费耶阿本德(Paul Feyerabend)的《反方法》(*Against Method*,1988)一书],"虚晃两招"的概念,或许恰好能够提供恰到好处的方向与理论。我在那些淡化理论角色的学术前辈的言论中,找到了些许慰籍。1971 年,人类学家乔治·彼德·默多克(George Peter Murdock)在纪念赫胥黎的讲座中提出了如下观点,至今我仍然认为所有的田野研究人员都应该记取个中深意:

> 民族志叙述质量的好坏……基于我所接触的文献来看,似乎和观察人员的特定理论取向没有多少关联,而且可以说是惊人的少之又少。(1971:18)

关于决定叙述质量好坏的因素,默多克紧接着继续说道:

> (质量)不怎么取决于田野研究人员的理论取向,因为理论固然可能带来许多洞察事理的真知灼见,但是也有可能会产生许多盲点,决定叙述品质好坏的因素反而在于研究者的若干人格特质,诸如:知性的好奇心、对于研究对象的真心兴趣、敏感、勤奋与客观。(p. 18)

默多克的上述论点并不是要反对理论,而是要指出,人类行为中观察与解释两者之间的落差。不论你是否同意他指出的研究人员个人特质(例如,“对于研究对象抱持真正的兴趣”乃是评估能否成为出色研究者的根本要素),都要谨慎提防的是,理论可以载舟,亦可覆舟。有关理论的角色及对质性探究的贡献,我们必须妥为权衡与检视,而不该任意夸大其角色与贡献。[7]

运用研究方法把论文连结起来

如果说在质性研究写作当中,理论的角色往往轻描淡写,含糊带过,那么相对地,研究方法的角色与重要性则是常常被大书特书,尤其是把质性研究方法等同于资料搜集的各种策略。

研究方法或“方法论”包含的绝对不只是资料搜集的技术而已,更为重要的还有资料分析的程序。从广义的角度来看,研究方法乃是依照某种明确的计划而执行某项事务的方式。广义的方法当然可以用来指称质性研究的工作方式,这就好像我们常说的表演方法、生产方法、烹饪方法、园艺方法、教学方法,都是指称我们从事某特定活动的一般方式。关于各种活动具体方法的书籍很多,各式各样关于质性研究方法的书籍也很多。[8] 但质性研究人员在研究报告讨论介绍研究方法时,往往倾向于狭义的方法,而且几乎只谈他们如何执行田野研究、如何搜集资料,有时候还不免流露出一种急于自我防卫的态度。而我在这儿,想质疑的就是这种把方法视为技术的狭义方法观。

我一向不喜欢有些人宣称"如果只知遵守科学方法做研究,就不可能发掘任何有趣味的新鲜事",然后转个头,就大谈质性研究的严谨度、系统化,对于验证假说程序、测量与量化特别关注,还念念不忘严格控制的研究设计和所谓的研究可复制性。吊诡的是,那些被认定的所谓"科学方法",我们所谓的硬科学家(hard scientists),他们的优势所在,根本上只是自我坐大的科学神话。这神话让他们可以自由去追求他们的研究,但其实他们做科学的方式和我们做研究的方式,有时候是非常相似的。我记得有一次搭飞机,隔壁坐的是位物理学家,他研究的主要是臭氧层领域的问题。敬畏之余,我请教他,研究像臭氧层这类高深莫测的问题,一开始都是如何入手的呢?他给的答复让我立刻舒坦不少:"首先,必须有一些观察资料。"

没错,所有研究都立基于观察资料,但是这项客观事实本身却很少得到应有的客观观察,尤其有些人又特别坚持,质性研究与量化研究之间的差别,称量化研究比较客观,硬把质性研究推到量化研究的对立面。这样的做法只会带来伤害,因为如此一来就会减少这两类研究可能成就的贡献,这当中自然也包括彼此之间的互相贡献。大部分的质性研究者如在需要计算或测量的时候多花点心思,肯定会让质性研究增益不少。大部分量化研究者则都应该"警醒",研究者个人的因素其实可以强烈影响他们所从事的研究。我们的文章或书籍的稿件都会插入页码(量化)。而我们在决定研究主题时,都是基于完全的主观意识,不论研究主题决定之后的研究方式多么有条理。

质性探究的"技术"

质性研究人员必须格外小心,不要轻易依赖研究方法的优势,尤其是田野研究技术,来肯定质性研究的价值与地位。我以从事质性研究的局内人身份，给田野研究的观察技术作个评估，应该还算适切。这也是我在本章检视的第三类（也是最后一类）连结。就如同前述两类连结一样，我建议你尽量少做而非多做这类连结，不过建议背后却是不同的理由考量。

研究方法将我们和他人研究拉在一起的关联，往往不是很强有力，也不太具有说服力。研究方法并不是质性研究的强项。整体来讲，我们运用的做法，其实就是日常生活中相当平实的一些方法。切莫误以为你可以通过强调质性研究方法本身的优点，树立或强化你的研究水平。在着手报告你的研究内容之前，你并没有义务一定要从头回顾与捍卫质性研究方法的整个发展史。当然，如果是为了详细说明你自己是如何展开研究的，那又另当别论。

三四十年前鲜有介绍讨论田野研究方法的著述。就我记忆所及，在1960年代，几乎很少有（甚至完全没有）"质性研究"这样的说法。早年只有屈指可数的几个代表性的研究被跨学科引用。马林诺夫斯基的《西太平洋的航海者》（*Argonauts of the Western Pacific*, Malinowski, 1922）的导论标题："本研究的主题、方法与范围"（The Subject, Method and Scope of This Inquiry），在远赴异国他乡探寻奇风异俗的研究人员当中，尤受青睐。威廉·F. 怀特（William F. Whyte）的《街角社会》（*Street Corner Society*, Whyte, 1943）则是另一本广受引述的经典，也是任何研究自家近处者的典范，尤其在第2版（Whyte, 1955）增加了79页的附录，提供了"一份关于研究人员在研究期间的个人生活纪实"（p. 279）。

过去人类学科系的学生，有满书柜的民族志经典，而社会学家则有"芝加哥学派"的各种研究（请参阅 Deegan, 2001）。那些几乎算得上是里程碑的研究，如雷贯耳的标题几乎无人不晓，但是实际内容可就不见得人人了若指掌。不过，在人类学与质性社会学的领域之外，这些作品普遍被认为不符合"真正"（real）、"严谨"（rigorous）研究的标准（所谓"真正""严谨"的研究，其实是指控制设计因素的实验研究）。

时至今日，情势已经大不相同了。田野研究的各种"取径"已脱离了当初的学科。过去专属田野研究的诸多研究技术，如今一般研究人员已知之甚详，而且运用也颇为普遍。达尔文当初提醒人们"不要过度依赖理论的神勇”,这道警语稍微改变一下就可以提供给想要仰赖“研究方法”的质性研究研究者:让方法引导你的观察,但是在你尚未扬名之前,最好不要白费心力去投入任何方法的发表。

如何以图解方式表达质性研究策略

经过多年的实践,我对于质性研究的热情更加稳固。我在这方面的研究,主要的影响来源是文化人类学的训练,大部分是应用在教育领域。除了研究之外,有好多年的时间,我也开班讲授“质性研究法”。为了教学需要,我试图以图解的方式展示质性研究的诸多取径。表格容易摘述,也很方便整理成课堂讲义或投影。但是,表格那种行列分明的版面形态,却很可能给人留下质性研究各种取径之间没有相互关联的错误印象。然而,我在此极力想要传达的,恰恰正是质性研究诸多取径之间的各种特殊关联。就我对于质性探究的精神及其独特优势的理解,最好的呈现方式应该是把各种取径,当成一个无间隙的组织进行整体介绍,而不是逐条列清单。

我曾经以饼图来表征质性研究的主要取径。饼图通常是用来说明相对比率,在这儿,我则是利用这种图形的环状距离远近,来强调研究取径之间的相对类似性与关联性。越是邻近的研究取径,彼此的共通点就越多;反之,距离越远,共通点也就越少。

我要强调的是,不只质性研究人员处理的资料来自“日常生活”,而且用来搜集资料的技术也属于“日常生活”。我觉得资料搜集的技术应该归类成三大类型。[9]

对于这三个类型,我分别给了三个标签:体验(experiencing)、探索(enquiring)与检测(examining)。我之所以选用这三个标签,目的是为了强调田野研究人员在投入研究时真正做的事情。它们对应的三个比较为人熟知的说法分别是:参与观察(participant observation)、访谈(interviewing)与档案研究(archival research)。

把质性研究方法体系看成一棵树

最终，我以树状图来表达质性研究策略。在我看来，质性研究的诸多取径，就好比是研究人员爬上一棵质性研究“树”，从树上可以一窥质性研究到底是怎么一回事。我心里想象的是一棵高大的阔叶树，类似我书房窗外的橡树或枫树。质性研究人员站在这棵树的不同位置，从而得以看见树的不同面貌。每个研究者根据在哪里可以获得最佳视野，可以得到所想要的信息而做出选择。而且每个人都知道，不可能在同一时间置身这棵树的每一个位置。他们也知道，其中有若干位置视野比较好，能够看见整棵（质性研究）树的更多面貌。

接下来我想象，各种质性取径的主要研究活动就如同深入日常生活（土壤）的树根，这也就是搜集日常生活资料的三种方法：检测、探索与体验。再来，就是树的主干，代表所有质性研究共通的核心活动：参与观察。主干通过三条树根向下扎根，从日常生活场域（土壤）汲取养分。从主干辐射而出若干粗壮的枝干，代表质性研究的若干主要分类。这些枝干需要研究人员在访谈或观察时投入程度不一的心力。每一条枝干接下来又会分岔成为更细的小树枝，这些小树枝构成可供该枝干运用的研究策略。比方说，其中一条枝干致力于检视（exaraination）他人产生的材料（搜寻档案文件、研究文物），主要搜集与检视的资料是档案文献（archival sources）。另外一条枝干致力于观察（例如：人类生态学，以及所有其他类型的非参与观察研究）。最后一条枝干则聚焦于访谈（传记、新闻、叙事、口述史）。

显然，每一种研究取径都有若干研究人员投入参与其中，但是随着树木主干向外伸展得越远，参与的深浅程度就变得更加关键。在那儿，主干分岔成为两大支干，其中一条延伸到比较人类学传统的民族志（ethnography），另外一条则是普遍流行于社会学家中的田野研究（field study）。虽然在这两种取径中，参与观察仍然是核心要素，但是每一条支干都各自细分为更专业化的小树枝，已经超出了民族志基本态的界线，其中包括：人类学家的微观民族志（micro-ethnography），或是社会学家的符号互动论（symbolic interactionism）或民族志方法论（ethnomethodology)。

研究人员如果要寻求最广角的视野,就不会只依赖单一主要策略的分支(例如:访谈或档案研究)。他们偏好制高点(coign of vantage)[10],在那儿视需要而混合数种主要策略。他们混合采用各式技术,这些技术全都隶属于广义的参与观察。人类学家运用它们所在的位置来取得广义的民族志观点,或是沿着专业分化更细的分支,如社群研究(community study)或人类学生活史(anthropological life history)前行。他们采用的策略可能是当代新兴的派别分支,如批判民族志(critical ethnography),或女性主义民族志(feminist ethnography)。此外,还有一条与人类学分支平行的社会学分支,其中包括社会学导向的田野研究,也就是大家熟知的"芝加哥学派"(chicago school)社会学,还有更细的分支,如现象学,或符号互动论(请参见图4.1)。

在这儿,我介绍这张"树状"图,是希望能借此暗示(同时也想试着以图示阐明),质性研究涉及许多不同类型的策略与技术,任何一个特定的研究,其实都只是选择其中某几条加以运用,因此想全面综览回顾质性研究的想法实在没什么意义。面面俱到的总论介绍与分别讨论,或许要用一整本书的篇幅,那才足以全面涵盖所有层面与重要议题。再者,参与观察这个名称也是导致混淆的症结之一,因为有时候这个名称用来指称所有的质性研究取径,但有时候是指称其中的某一种取径(如果是这样,那么该研究项目就可以说是参与观察研究)。总之,参与观察这个名称本身指涉的范围太广泛了,因此,根本的因应之道就是详细说明在特定的研究中,究竟是如何实际执行参与观察。*

参与观察这个位居于质性研究核心的主要活动无论往上或往外延伸,需要有概念与方法论上的依据。在这儿,每一种延伸的取径(每一根主要的"分支")都有自己的优点与特有的观点。而且我们发现,有些人声称是"站在特定的枝头上",坚持某种特定的研究取径,却没能理解到可能的限制或潜能。除了泛称的"参与观察"之外,还有一些特殊的研究取径,背后蕴涵或连接特定的学科领域、标签名称、思想学派或是研究问题取向。举例而言,民族志、人类生态学(human ethology)、

* 可参考阅读重庆大学出版社引进出版的《参与观察法》。——编者注

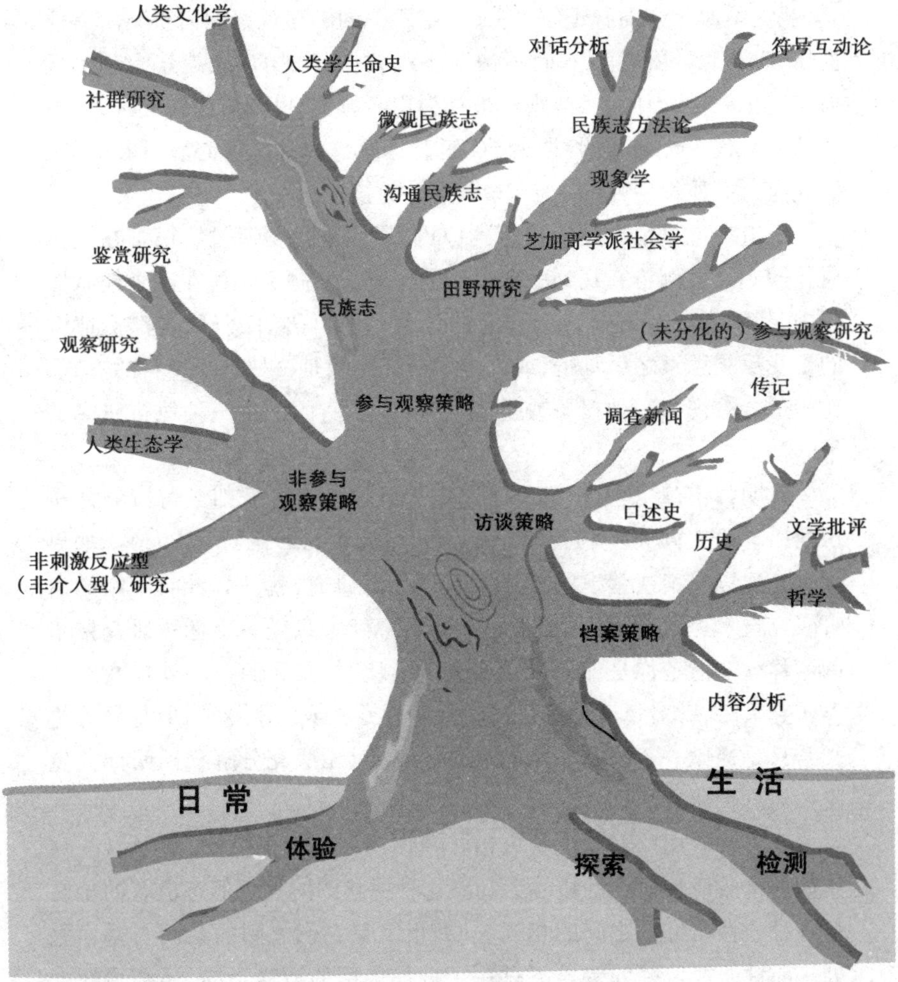

图 4.1　质性研究策略/方法树状图

口述史(oral history)、符号互动论(symbolic interactionism),每一类都提供了特殊的观察与报告方式或观点。然而,诚如肯尼斯·伯克(Kenneth Burke)多年前指出的:"看见的方式同时也是看不见的方式。"(Burke,1935,p.70)在这个树状结构中,没有人能在同一时间置身于所有的位置,也就不可能在同一时间拥有每种观点。当我把原先的饼图转变成树状图之后,有些预料之外的事情发生了。其中重要的一点就是，视觉图像化帮助我理解，广义界定之下的参与观察如何扮演所有质性研究核心活动的角色，而不像原本的饼图呈现的，只是其中一个层面。这也正是为什么参与观察被视为田野研究、民族志的同义词，乃至于几乎就代表任何“质性取径的”研究。参与观察位居心脏所在位置，因此是所有质性探究的主干，亦即实质的核心。

还有一件事情也颇让我感到惊讶，那就是我发现居然很难在这个树状图中给案例研究找到一个适当的位置。问题不是说在这个树状图当中，找不到一个适合案例研究的位置，而是好像任何位置都挺适合的。我反复思索之后觉得，或许个案研究更像是一种组织资料的方式，比较适合被视为一种报导或呈现研究的类型，而不是一种执行研究的策略。

我明白，有些学者把案例研究视为既可折衷各派却又可以清楚辨识的一种研究方法（例如：Merriam，1998；Stake，1995；Yin，1994）。如果你有意要以个案或叙事的形式来呈现你的研究，就务必针对所用的田野研究技术提供充足的细节，而不要希望读者只凭一个标示研究技术的名称就能清楚你是如何进行研究的。比方说，我们在此处提及的各类研究策略，针对每一种都可以写上一篇专文或一本专论，但是研究论文若只是提供一个研究技术的名称，就绝对无法充分解释说明你究竟是如何进行研究的。

我喜欢使用比喻来说明事情。我使用树状图的方式，解释参与观察如何构成质性研究的核心活动。这种树状图的直观形态也有助于突显各种质性研究法之间的相互关联，也就是它们之间的共同与差异之处。质性研究取径的差异不只在于选择采用的策略不同，还必须配合特定的信念或态度认真贯彻执行。比方说，借用民族志研究中搜集资料的一两项田野研究技术，和“全心全意”秉持这些田野技术的基本精神来“做民族志”，这两种取径之间就存在着相当大的差异。受民族志或现象学取径影响的研究，并不等同于深入扎根这些取径的研究。对于前一类的研究，最适当的描述方式是说，“采用这类取径做法”（in the manner of)的研究,而不要直接宣称说是“做这类取径的研究”*,因为后者必须在诸多幽微之处充分展现该种取径的根本精神。

我希望人们会觉得我的树状比喻有所启迪,而且也觉得可以自由增添或重新安排各部枝干的细节。[11]我想,这棵树各个部分的相对比例,可以反映出研究人员个人的特殊旨趣。比如我构想的树状图就会赋予人类学“分支”较丰富的细节,没有兴趣的地方则简略描绘。不过,这并不是出于忽视,而是要把心力集中在特定的细部,而不是整棵树不分轻重一概而论。[12]你在处理研究方法的文献回顾与探讨时,也应该把握这项原则。读者不需要听你从头开始说你是如何开始种植这棵树木(而且大家似乎总是追根溯源到古希腊史学之父希罗多德),或是这棵树木如何演化成熟为目前的样貌。你的读者需要看到的是,你能够确认自己稳稳地站在哪个特定的位置,清楚说明你从中摘取哪些观点,而且你也明白显在或潜在的限制。你所采用的研究取径应该是深思熟虑后的合理选择,你选择该项研究取径有正当理由,而且也适合你的研究目的与研究能力。

你的研究方法以及方法论

我建议你不要浪费心力去写那些介绍一般研究方法通论的东西。如果学位论文评审委员想要确认你对文献的掌握能力,那你在研究计划阶段就应该展现。正式论文呈现研究方法,只需依照时机适切与必要性的原则放入相关材料即可。我把参与观察确认为质性探究的核心研究活动,不只强调我们研究的是日常生活的人、事、物,同时也强调我们是采用日常生活化的方式来搜集资料。比如“参与观察”,或人类学家罗萨尔多(Renato Rosaldo)给出的另一种说法:“深入地混在其中”(deep hanging out)(Clifford,1997,p. 188)。质性研究取径就是如此日常,实在不可能也没必要披上神秘的面纱。

只是提出田野研究技术的名称并不足以说清楚我们究竟做了哪些

* 【译者补注】:比方说前者是“采用民族志方法”的研究,而后者是“做民族志研究”。

研究工作。不需从头细说哪些人物首创了我们在研究中使用的技术,以及哪些人将其扩展。"在场"(being there)、"亲近而长期熟稔"(intimate,long term acquaintance),都不足以保证我们所报告内容的正确和全面。因此,实在没有必要大张旗鼓详细阐论(请另行参阅 HFW,2008a,p. xi)。

质性探究不只是由方法组成,而且方法也不只限于田野研究技术。你越是注意研究技术方面的问题,也就越没有心力关注实质的发现。不要试图说服读者因为是田野研究的观察结果所以一定拥有可靠的效度。你只需尽可能提供你取得资料的相关细节就算是善尽田野研究者的本分了。你本身就是证实你报告所言不虚的最佳资料来源。如果你的报告让读者相信你所言不虚,那么你就算是尽到了细心报告的义务。当然,如果能够提供恰当而充足的分析资料的细节,那么你的贡献还会大上许多。研究的场域,还有你在某特定时间沉浸其中的亲身经验,都是独一无二的,不可能由另外一个人在另外一个时空重新复制。然而,讨论你是如何分析资料的,则可能会给其他研究人员分析处理类似但不尽相同的田野笔记、个人经验与资料更大的助益。

如果你对于田野研究的实作有许多心得想说——好几箩筐的好建议或告诫想传承下去——那就分开来写,或者当成附录,又或者干脆撰写另一篇文章或专论。如果研究结果在实质议题方面贡献不大,而对于研究方法有比较重要的贡献,那么你就应该修订原来的研究目的宣言,以让读者清楚研究焦点的转变。不要害怕从你的田野研究经验中摘取内容丰富的例证来阐明你的重要论点;但是另一方面,也不要试图在实质议题与研究方法方面都能满足读者。

万一你想要特别强调研究方法(田野研究的技术、分析的程序)或方法论,那就另外找地方来写,而且下笔时要在心中设定重视方法的读者。[13]如果研究方法是(或变成了)你的论述焦点,请务必清楚区别研究方法与方法论之间的差别,这种区别是可以也应该做到的。简单而言,方法论是指研究方法背后的原理,而不是具体施行操作的特定研究技术。我不知道我们是从哪儿养成的习惯,老是把我们在研究当中所做的每件事情,一概都称为"方法论"。不过,我想我倒是知道,我们为什么会有这样的习惯做法:因为仿佛这个字眼可以让我们平凡不起眼的技术立显“高贵华彩”。

以研究叙事取代研究方法或理论

你的研究一路走来有许多事件陆续发生，其中包括：你一开始如何涉入该项研究主题，你如何进行研究，还有你从中获得了哪些新知，这些可能都颇适合成为你撰写叙事的题材。唯一必须小心的是，你的研究叙事撰写聚焦要在研究本身，而不是研究人员。如果能够做到这点，那么描述这些事件就不失为展开研究报告的一种绝佳做法。你可以随着这些叙事的开展，自然而然地介绍若干重要的信息，而不是一开始就依照传统写法，行礼如仪地逐章或逐节讨论介绍文献、相关理论与“研究方法”。我特别介绍并推荐这种做法，但是我无意给读者留下错误印象，误以为研究方法可以等闲视之。在撰写研究报告或论文时，决定是否与某些理论连结，以及如何连结的指导原则就是：研究与理论的关联程度(relevance)。千万不要胡乱攀扯一大堆空泛的理论，反而使得叙事窒碍难行，无从顺利开展。

极少数情况下，比如新进研究人员探寻理论的历程也许可以作为编织叙事的题材。经验比较老道的研究人员或许有能力叙说一个引人入胜的理论驱动的研究故事，特别是那种能从中看见执行研究的种种历险的经历。个人经验提供另一个开展研究叙事的途径，也许你个人生活遭遇的问题后来辗转变成你的学术研究关注点。当陈述的内容趋于复杂时，不要排除任何可能帮助你叙述并维持研究聚焦的做法。

尾　声

这儿，我们就要结束前面三大主题的讨论——如何让你开始写(第 2 章)；如何让你继续写(第 3 章)；正文该包括哪些项目(第 4 章)。此后，我们将开始逐章介绍讨论以下主题——第 5 章“紧缩精简”；第 6 章“结案收尾”；第 7 章“准备出版”。在本章，我从写作所需的基本条件与技巧，转向介绍讨论还有哪些事项或细节必须注意，以便支持你已经写好的内容。这些所谓的学术写作的传统，很多源自于学位论文写作,但是后来沿习下来成为尾大不掉的习惯,却往往只是因为“我们一向都是这样做研究的”。

我建议你大胆去写你的“第二章”。也就是说,你觉得它应该像什么样子,就放手照那个样子写出来。如果你在写第一章时还是改不了旧习惯,仍然是行礼如仪地写出“清喉咙开场”的学术开场式,那么到了第二章,喉咙应该已经清够了,直接切入你的实质报告了。不管你基于什么理由觉得有义务提供无所不包的文献综述,你的读者真正想看的都是你报告的实质内容。因此我建议,在简短陈述研究问题与研究场域之后,立即开始详尽而切实地陈述你的实质报告内容。你可以在适当的时机,把必要的背景材料介绍给读者,让他们更容易理解你呈现的叙述材料和你要传达的意义,并且也可以给你的研究提供更大脉络的视野广度。

同样地,在介绍理论与研究方法时,也应该注意适时性与必要性这两项基本原则。你应该在适当的时机,选用必要的理论或研究方法来阐明你的报告,而不是在不恰当的时机,罗列非必要的材料。如果你知道如何以“使用者友善”的方式来使用,那么理论就可能成为无价的资源。如果你还没有那样的功力,不妨试着在对的时间,分享你关于适切而必要的理论的沉思心得。相对于只是滥竽充数牵强附会些关联不大的理论,这种做法似乎更为可取。大部分学位论文让人读起来不舒服的原因可能就在于理论插入的方式粗劣别扭。如果有明显易懂的概念,或能借用比喻、举例有组织而充分地传达你所要报告的资料,那就放心这么做。不要隔靴搔痒硬是要高谈阔论一些不着边际的高深理论,那样结果可能适得其反,导致读者无法清楚体会你的观察心得与见解的重要性。

在过去二十年当中,质性研究方法——确切来讲,其中很多应该算是田野研究技术——越来越广为人知,而且接受程度也越来越普遍。所以,实在没有必要要求每一份研究报告重新发现与捍卫质性研究取径与技术。再者,也没有必要提供无所不包的文献回顾,从头到尾详细介绍诸如参与观察或访谈的标准程序。以前曾经一度有必要去仔细描述与捍卫质性研究取径,然而,质性研究发展至今,已经没有这个必要了。新手研究人员因为是最近才亲身经历过这些研究取径,或许会感到特别新奇，心中那股兴奋感会促使他们想和读者分享，但是他们必须了解，读者是不太可能有兴趣听他们如获至宝地把那些早已熟透的东西从头讲解一遍的。所以，如果你要写些东西来捍卫质性研究的一般做法，那么我奉劝你还是少说为妙吧！

不要仰赖研究方法来肯定你的研究。我们做研究的方式，并不像那些批评我们的人所认为的那样，而是有相当的系统性与严谨度。但是，即便我们一再试图去说服他们，结果也可能只是徒劳。这样的讨论只会让我们陷入自我防卫的死角，而不能对准目标，去有效地讨论我们努力观察所得的发现与心得。除非我们通过肯定研究技术，证实我们的研究确实能够顺利达成目标，否则研究方法就不应该是研究关切的对象。

写作时，尤其是取得博士学位之后的写作，务必记得把其他研究人员摆在心上，他们是你设想的读者群，甚至是唯一最要紧的读者群，你是写给他们看的，特别是那些最有可能真心有兴趣阅读你文章的同僚。他们没有兴趣看你把所知所能一股脑全都塞进一篇文章里，但他们确实会期待看见你展现对于专研领域相关文献的掌握功力。他们会有兴趣知道你如何解决理论问题，尤其有兴趣知道你如何将理论与研究方法予以连结。由于你处理的资料，本质上都源于日常生活，而且搜集资料的方式也是属于日常生活的方式，因此，关于组织与分析资料方面的心得或见解，都会特别受欢迎。大家都知道，质性研究的真功夫在于脑力运思，而不在于田野研究的技述，这个道理已经有许多人阐明得相当清楚了（请参阅，比方说，Agar，1996，p. 51）。

本章结语：主要的连结事项

1. 如果博士学位论文评审委员、编辑或出版社要求一定要用单独的章节来处理文献探讨、理论或研究方法，你就照办。但是也不要因此就自行认定一定要在特定的地方，并且以特定的方式来处理这些主题。文献综述必须有选择性，不要回顾一大堆不相干的著作，反而让人搞不清楚你的研究到底要探讨、报告些什么。

2. 文献综述切忌大而无当。把注意焦点集中在相关的研究上，泛泛的回顾与讨论可以另外找地方。如果你正在写博士论文,论文评审委员要求文献探讨必须有相当的广度,而这似乎远远超过你的研究主题范围,你或许可以找他们商量,看看是否有可能另外再写一份达到他们要求的文献综述,这样,正式学位论文就可以只保留有直接关联的文献综述。

3. 不要一谈到理论就自惭形秽。如果理论对于引导研究开展没有明显的助益,也无助于资料的分析,那么你不妨试着把心力集中于理论能够为你做什么,以及你希望理论提供哪些形式的帮助,而不要大张旗鼓去搬弄一些语焉不详的高深理论,那只是像做橱窗展示一样。但是,你一定得交代清楚研究问题的起源、意义与重要性,以及个中涉及的复杂层面。

4. 不要白费心力去整理通论范围的"研究方法",而且不要去回顾或辩护质性研究的整个发展历史。只需要详细说明你实际用来取得资料的田野研究技术,而不需要多费唇舌去谈一般的质性探究研究者都会采用的那些搜集资料的做法。这一点也适用于分析方法的说明。

本章注释

1 有某些论文指导教授之所以规定要有完整的文献探讨,可能是基于个人特殊利益考量。他们有可能是利用或依赖研究生的文献探讨,来解决自己穷于应付的文献更新需求。你或许可以把"帮忙教授吸收最新文献",视为完成学位论文所必须付出的潜在代价。不过,如果不计较太多的话,这其实也算得上是间接贡献学术的一种机会。

2 关于如何使质性研究作品不至于显得沉闷无趣,相关讨论请参阅 Caulley(2008)。他对症下药的做法是运用非虚构创意写作(creative nonfiction)的技巧,也就是借用文学写作的技巧来撰写非文学的作品(请另行参阅 Cheney,2001)。

3 有关文献探讨的做法与写法,更多详细而深入的探讨,请参阅 Fink(2005)*、Pan(2008)。

* 《如何做好文献综述》中文版已由重庆大学出版社引进出版。——编者注

4 在博士学位论文当中为什么很难看到理论的连结更有互动性，以及更多的与同僚交流的精神？为什么很少有学位论文公开致谢系所的协助与贡献，不只写出同僚提议的理论洞察见解，而且也把同僚的姓名悉数列出？

5 关于如何将理论融入叙述性研究，请参阅菲林德斯与米尔斯主编的《质性研究的理论与概念》（*Theory and Concepts in Qualitative Research*），（Flinders & Mills，1993），书中除了提供深入的讨论之外，还列举了若干位教育研究领域完成博士学位论文不久的新科博士。

6 目前有了电脑超大的记忆体容量，已经没有必要一定得把学位论文"装订"成册。不过，这儿的重点在于，这名学生并没有为这份最后的成果感到荣耀，因为对她而言，她认为那其实不是自己完成的作品。

7 请参阅，比方说，雷顿（Layton，1997）有关理论对于人类学各种解释的影响的讨论。

8 譬如：Russ Bernard 的《社会研究方法》（*Social Research Methods*），同时讨论了质性与量化研究方法（Bernard，2000）；或是诺曼·邓金（Norman Denzin）和伊冯娜·林肯（Yvonna Lincoln）主编的大部头"*SAGE Handbook Of Qualitative Research*"（SAGE 质性研究手册全书）（Denzin & Lincoln，2005，第三版）*，总共收录了 45 篇不同作者撰述的主题文章。请另行参阅 Creswell（2007）。

9 你不妨自我检视自己是否也有这样的习惯，不经意间就径自认为我们给现象区分的类别（譬如：三类或四类），真的就是现象内在具有的属性。

10 "有利位置"（coign of vantage）的意思是指："观察、判断、行动与评论的绝佳地位"（Random House unabridged 2nd ed.），而这也正是我在此处使用这个字眼所要表达的意思。我首次和这个字眼打照面已经是陈年往事了，我在斯坦福大学攻读博士学位时，这个字眼就出现在我阅读的第一本博士论文中（我没记错的话，该名校友好像是叫作汤马斯）。当时我就下定决心，有朝一日，我也要使用这个字眼，用来展现我已经达到了博士级的学术水平。如今，时隔大半个世纪之后，我应该算是得偿心愿了。

11 当然咯，这树状图各部分细节的补充发挥，也有可能一发不可收拾，譬如有个热心过了头的插画家居然添油加醋，给画上了满树茂密的叶子。这张树状图最早收录于我应邀写的一篇文章，那本合辑的编辑们当时就拿这张图开玩笑，还取了一个据说是出于敬意的昵称——"哈利的火烧树丛"（Harry's burning bush）（LeCompte，Millroy and Preissle，1992，p. xxiii）。

---

* 本书的最新版重庆大学出版社已引进出版。——编者注

12 这个开发中的树状概念图可以做很棒的海报展示，因为这份树状图乃是工作草稿，而不是已完成开发的终端产物，可以做进一步的优化改善，因此可以从与其他人的交流中获益不少。在这当中，我以三条主轴树根代表我们用来搜集资料的三种主要策略（亦即日常生活中的体验、探索与检测这三种探究取径），我不是有意遗漏任何其他的质性研究策略，纯粹只是希望突显这三种主要策略的重要性。

13 若干质性取向的期刊都会载录关于研究方法的文章。譬如："Field Methods"（田野研究方法期刊），改刊前旧名为"Cultural Anthropology Methods"（文化人类学研究方法期刊），即是专门刊登社会科学、行为科学，以及人文学科等领域的田野研究人员使用方法的心得和讨论。

紧缩精简 5

Tightening Up

……而当下，我正在努力试着重来一遍，
细说那关于所有事情的所有细节……
——格特鲁德·斯泰因（Gertrude Stein），
《每个人的自传》（*Everybody's Autobiography*），p. 80

我发现，我们所能提供给写作者的最佳建议，刚好可以用上组装独轮手推车的比喻——把螺丝锁紧之前，得先确定所有零件都已经摆在适当的位置。

我们可以解释一下这个比喻。田野研究工作与研究资料的整理，就好比是搜集与确认独轮手推车的各“零件”。一旦所有零件都找齐了，接下来你就需要一套分类的办法把这些零件分门别类，然后还要有一套执行组装步骤的程序。让我们来想想看，你会怎么做呢？必要的零件，你都收齐了吗？或者反过来说，你找来的这些零件，是否都是真正有需要的？请记住，你只是要组装一辆手推车，而不是要把车子塞满！

不论是专案报告、期刊文章、学位论文、技术报告还是专著，一旦写作内容渐有雏形，你可能就会开始担心，陈述叙事的文字是否太冗长？诠释或分析会不会不够有力？最后能不能得出一个清楚而明确的结论？尽管跌跌撞撞、困扰层出不穷，你还是勉力继续写下去。不过，再想想有的人写到后来发现研究题材严重不足，有的人分析与结论的基础薄弱不堪，还有些人始终搞不定研究问题的方向。相形之下，你的情况就算是比上不足比下有余了。

不论编辑的功力多么出神入化，也不可能化腐朽为神奇，把一堆原本乏善可陈的资料编写成一份无懈可击的研究报告。不容讳言，有些田野研究实在做得破绽百出，但因研究者本身热忱十足，有些不错的想法、精辟的观察见解，或是提出了高明的问题，所以仍然突出重围获得了读者的赏识。但是，千万不要自欺欺人，误以为通过文字软件与彩色印刷，搬弄一些花俏的字型或版面，如字型加粗或是加上阴影、底线，就能够提升稿件的品质，这充其量不过是加强稿件的“外观”罢了（就我个人而言，学生缴交的期中报告或期末报告，如果封面过于花俏，通常会让我心生疑窦）。质性研究的判断标准是读者对所读内容的反应，而不是眼睛所看到的外观。

在质性研究全部过程当中，田野工作或许是比较富有戏剧性的部分，但是真正的考验还在于如何把所有的材料整合成最后的成果。这就是为什么“研究方法”不只是资料搜集，也不是单纯地报告所搜集到的资料。在由田野研究原始资料转化成最后成果的过程当中，写作不是唯一涉及的要素，不过确实是个中焦点所在。写作是质性探究不可或缺的组成要件，绝非只是附属品。有些研究人员似乎不费吹灰之力就可以写出优秀的作品，但是大部分的人则需要费些工夫才得以写出令人满意的作品。而这些工夫就是我们接下来要讨论的。且放心，质性研究写作并不需要仿效史坦因，必须详尽细说所有事情的所有细节。

叙述的恰当充足性

"不确定用途，就别摆进去"，这是许多旅游指南给长途旅行者打包行李的一条参考原则。这个建议，对于质性研究人员也颇有参考价值。只不过我们多半是反其道而行——不确定，就宁滥勿缺，尽可能全塞进去。要描写到什么程度，才足以赢得"深描"的美名呢？要提供多少的脉络背景，才足够称得上是一篇"脉络扎实"的研究？个案的探究要多深入，才得以免于肤浅不实的批评？不过，话说回来，如果连马林诺夫斯基(Malinowski)或玛格丽特·米德(Margaret Mead)这些前辈大师都难逃"陈述随意"(haphazard descriptiveness)的批评(请参阅 Marcus & Fischer，1986，p. 56，注释中的说法)，那我们又如何能够确定自己全力以赴的写作成果真的比较高明而实在呢？

如果行李箱太小，而该打包的东西太多，经验老到的旅人可能会选择下列三种解决方式：(1)重新打包，塞进更多东西；(2)拿掉不必要的东西；(3)换一个较大的行李箱。质性研究人员也有类似的选择。以第一个选项为例，就是要学习把物件塞入原本的行李箱当中，总有办法可以塞进更多内容，而不拉长稿件的总长度。

"紧缩、精简"(tightening)，当然就意味着最后完成的作品更为简洁扎实。但是，就我个人的经验来看，却往往不是这么一回事。除非在校稿之初就明确设定以缩短篇幅为目标，否则我所作的删改往往幅度不大，而且还会另行增添不少小细节，如此一来一往之间，最后的结果往往是总篇幅相差无几，甚至还有可能越改越长。如果重新打包的策略不足以解决问题，有些东西可能就必须拿掉了。至于第三个选项，经验老到的旅人和研究人员都心知肚明，较大的容器(譬如：增加书的总页数、增大书的开本，或是拆成上、下两册)不但比较笨重，不方便取用,而且往往需要特殊的处理,连带也就需要额外的费用。再者,也有可能限于某些规定而不准许采用。

接下来两小节,标题分别是“塞更多东西进去”(Packing More In)与“扔更多东西出去”(Tossing More Out),我提供几个有关打包诀窍的技术性建议,以便写作者有效限制篇幅。不过,这并不只是技术问题,真正问题还在于研究焦点。而这也是我一再提及研究主旨宣言的缘故。“本研究的目的是……”必须一再重申,且持续接受检视与修正。

塞更多东西进去

叙述性的研究报告写多少才算恰当、足够,一直是许多人心中的困扰。在这儿,我可以提供另外一则座右铭:“少做,但要透彻!”(Do less, more thoroughly)多年来,这句座右铭一直发挥着很不错的引导作用,不但我个人受惠良多,而且也常帮助其他人化解写作、文章组织或文书编辑方面的困境。

“少做,但要透彻”是我的座右铭,照相机的伸缩镜头(zoom lens)则提供了一个形象化的比喻,可以用来说明具体行动的操作原则。如果想要放大视野,看见较多的画面内容,那就必须牺牲细节;反之,如果要看得更仔细,就必须牺牲视野的广度。迈克尔·阿加(Michael Agar)提出了田野研究“漏斗进路”(funnel approach)的建议:“这个策略就是,在先前探索的较广领域内,选择性地缩小探索的焦点。”(Agar, 1996, p. 61;有关另外一种镜头的比喻说法,请参阅 Peacock, 1986)你的焦距是否恰到好处?请谨记,这个关键问题的答案并不在研究场域之内,也不在于你对方法的选择,而是你施加在该研究场域的某些东西。

虽然,学界越来越有兴趣让文本自我呈现,但是质性研究和文字书写的关系仍旧相当紧密牢固。然而,报告使用的媒介并不只局限于文字,图表(charts)、插图(diagrams)、地图(maps)、表格(tables),以及照片都是有效的辅助工具,有助于浓缩印刷文字的内容,补充细节,使读者更容易、更快速地理解文字内容。我在本书多次提及,我习惯从研究之初就“以节次思考”“以章次思考”“以目录思考”。* 而一般人比较熟悉的就是“以图像思考”,亦即经由图像的模式来进行思考。我建议的这些策略做法,不只有助于质性研究的写作,也适用于量化研究的写作。在这儿,迈尔斯与胡贝尔曼简洁有力地提出:“以报表思考(think display)”(Miles & Huberman,1994,p. 11,*passim*)。[1] 各种报表的资料呈现格式提供了处理两项关键任务的另一种做法:资料精简与资料分析。

图表与插图有助于把我们的想法或观念“具体化”(embodiment),通过图表或插图去组织与分类资料,去探索哪些资料可以摆在一块儿,去思索资料如何可能以先前未曾意会到的方式,将看似不相干的资料找出连结关系。我们大部分人的思考习惯都受到长期教育训练的束缚,思考视野往往局限于文字,不过,有些擅长空间思考的研究人员则可以通过图表与插图,具体“看见”他们的研究。有些质性研究人员从一开始就以图的方式来构思他们的研究,他们在墙壁或地板上摊开报纸或新闻纸,然后尝试将研究的各种构想做成图表与插图。任何参加过研讨会要用海报展示研究的人,应该都经历过“以报表思考”的挑战。

传统形式的表格与图表,可以补充或摘述背景方面的信息,给研究提供脉络,不过通常只有某部分读者会有兴趣参考这些信息。同样的,地图很方便标示出某个区域或社区,素描的图画很适合用来描绘移动的状况,而展示前后对照比较,照片可能胜过千言万语。

电脑绘图也有助于吸引读者的注意力,促使读者注意“看见”事实,或是看见存在于诸项事实之间的视觉化关系。电脑绘图能够维持人的探索心,找寻其他可能的呈现资料的方式,避免纯粹的文字陈述流于沉闷乏味。

图表也可发挥资料分析的功能。在初期整理资料期间(同时也要扔掉若干资料),初步草绘的图表与插图可以帮助研究人员从混杂的资料当中,梳理出可能的空间关系或形态。不要犹豫畏缩,大胆探索创

---

* 【译者补述】:原则上,“以 A 思考”就是指“经由 A 的模式来进行思考”。就此而言,“以节次思考”“以章次思考”“以目录思考”,分别就是指“经由节次、章次、目录等模式来进行思考”。

新方式展示资料或摘述资料。不过，务必注意，图表本身要容易理解，且言之有物，而不只是当成装饰。

在这儿，让我用本书第1版使用的插图（请参阅图5.1）作为例子。当初我设计这个插图的用意，是为了提供一种视觉化的表现方式，以“饼图”显示质性研究策略诸多取径之间的关系。我之所以采用这种组织方式，目的之一就是强调策略的多样性，以免接触质性研究未久的学生在不明所以的情况下，顺口就把他们的研究贴上了某些标签，譬如“民族志”，而真相只是因为他们以为这么一个标签就可涵括所有的质性研究策略。我希望这样的图，可以让读者看见质性研究的诸多策略取径相互关联的情形，但并不代表个别策略取径之间的高低位阶。环形的饼图通过相对位置，传达个别策略取径之间的亲疏关系，左右相邻表示彼此有着最紧密的关联，隔着圆心遥遥相对的则代表彼此可能有着“对立或相反”(opposites)的关系。这个新尝试几番修定改进之后，就变成前一章图4.1所呈现的树状图，演化后的版本效果显然更让人满意。

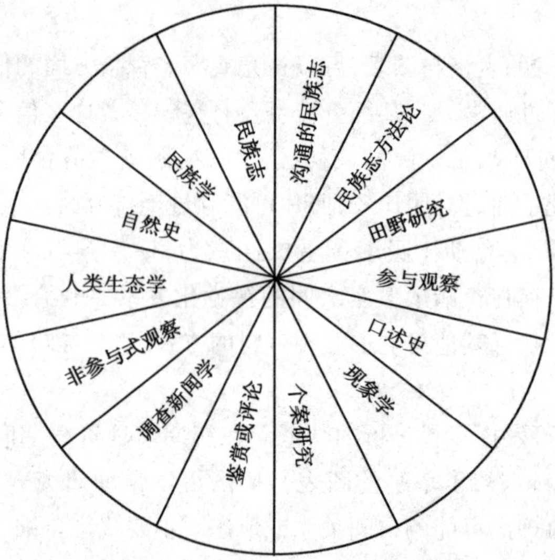

图5.1　质性/叙述性研究的各种方法取径

前面一段叙述所用的文字比图中的文字多多了,而这恰恰是使用插图或图表的另一个原因:图表(几乎)自己会说话。图表自己会说话,这既是事实,同时也是使用图表的前提。图表等辅助材料必须附上适切的标签,再加上言简意赅的图注或小标题,以便读者无须另行阅读正文内容,就能够理解图表所要传达的意涵。这儿的挑战在于,图表本身就要具有说明解释的能力,而不需要依赖额外的文本说明。要判断你的图表与表格是否自成一体,你可以请不熟知文本的人士看你的图表或表格,然后说明其中传达的是什么意思。

表格、图表与照片的图注与附带说明文字也需要做好编辑校对。是否采用图表,除了考虑图表自身品质(清晰的线条、影像),同时还有与文章的叙述配合,而不只是为了填补空间或好看。校阅修订稿件时,图表等辅助材料也要随之修订。有时候在初稿阶段不可或缺的图表,在后期可能会变得可有可无。

地图与插图或许需要相当简化才能发挥更好的效果。有时候初期阶段可能设计了一张地图,但是随着研究越来越复杂,就可能会需要增加若干张地图,才能同时满足多方面的目标(例如:用简单的地图标示出研究地点的所在区域,再附上一张尺度较精细的地图,重点呈现该区域的细部状况)。不要让读者觉得莫名其妙,觉得插入了某些和研究目的没有什么关系的图表或其他辅助材料。

不过,在此也必须提出一点警告:使用图表等辅助材料,颇容易掉入路易斯·寇瑟(Lewis Coser)所谓的"错置的精确"(misplaced precision),亦即试图以方法之长来弥补理论之短(Coser,1975,pp. 692-693)。并非所有的图表都一定会导致错置的精确。如果引进的辅助材料会干扰阅读,或是和研究目的以及文章其他部分呈现的详细程度不一致,就可以判断这些材料的引入是一种错置的精确。(身为一位纯粹的质性研究人员,如果一篇研究报告的图表数量很多,我就会心生疑窦,怀疑该作者可能是要借此营造某种印象,而不是要让人明了某些事实。)

我先前版本的那个饼图明显不足以传达质性研究个中概念的复杂性。模型确实应该简化,但是这个模型显然简化过度了,14 种质性方法各自而立,互不相关,也没有高低层级的分别。在初期,这个图倒也满足了我预期的目的,发挥概括综览的功能,但是鉴于质性研究诸多取径之间的复杂关系，它显然还有相当大的改进空间。前面介绍的那个仍在持续进化的树状图，就是这一路不断探索改进的暂时成果。

表格、图表、照片或其他插图的价值在于扮演辅助的角色，对重要的信息加以说明。这些辅助材料对于偏好非文字呈现方式的人也有吸引力。但是，这些辅助材料的应用也可能变成一种非用不可的执着迷思。尤其是传记作者与历史学家，似乎特别容易犯这方面的毛病。他们经常没有特别明显的理由，纯粹只是因为在研究过程中挖掘或搜集到许多资料，于是就全部都收进文章当中。就我记忆所及，最离谱的例子出现在一份报道非洲都会人士饮酒行为的质性研究专论中，附录煞有其事地摆进了一份乱数表。我猜作者的用意应该是要表达"这代表本研究程序符合科学的严谨标准"，而我的感觉则是"简直荒唐可笑"。

另外还有个做法可以控制篇幅，就是只摘录访谈稿或田野笔记的部分片段。必要再把完整记录收录于附录中（关于这个策略做法的运用，请参阅第6章的讨论介绍）。没错，文章的总长度并没有因为资料转移位置而有所缩短，但强化和集中主题焦点，不至于让自己看了老半天却还是迷迷糊糊，搞不清楚文章的重点何在。这种做法也可以防止报告里引用信息提供者的话没完没了，就好像他们在当初访谈的情况（也许当时他们还受到你的鼓励畅所欲言）。在文章中任由信息提供者"畅所欲言"除了让读者摸不清楚文章的重点，更糟的是，还可能让他们失去往后读的兴趣。

有些时候，确实需要让信息提供者原音重现，而且在某些类型的质性研究（譬如：生活史的研究）中，原音重现的口述内容，乃是唯一呈现的叙述性资料。不过，一般而言，简短的引述会比冗长的引述更有效果，尤其是有许多人对同一事件提出说明时，更应该尽量精简每个人的引述长度。引述的内容越长（不论是引述信息提供者的说法，或是其他出版著作的文字内容），就越有必要确定读者确实知道你所要传达的重点。有时候把篇幅较长的访谈内容或引述段落，从正文移到注脚，或当成补充资料移到附录后，你就会发现那些资料其实可以完全舍弃不用。和正文内容分隔开后，就比较容易判断对于文章的贡献重不重要。

扔更多东西出去

本节是关于资料的割舍。当外审人员建议稿子的某些地方应该删除时,我通常都会从善如流。一般而言,审稿人对于所审查的稿件是否应该有所删改,多半都能够取得共识。但是,就我个人经验来看,审稿人对于究竟应该删除或保留哪些部分,彼此之间难免会意见相左。面对这种看法分歧时,如果要求大幅度的删改,而且带有强制性,我就会斟酌考量审稿人的经历与权威,然后再决定是否采纳对方的修订意见。

我发现在请人帮忙检视初稿时,如果事先说明是要请教该删改哪些地方而非是否删改,那么对方就比较容易找出需要删改的地方。我还发现,如果要让对方确信我是认真想要删改稿子,那么提供的稿子上面最好留有我自己修改的痕迹,而不是给他们完全没有修改痕迹的干净稿子。因为有些人在面对干净的稿子时,可能会有所迟疑,而不愿在上头写下任何看法。所以,如果提供的稿子已经有修改的痕迹,他们就比较可能放心且认真地在稿子上写下他们的意见。

我从来不会请人校阅夹杂太多修正注解的稿子,以及未标页码或有很多打字错误的稿子,我认为这么做是很不礼貌的。现在很容易就可以印出干净、拼写正确、格式合宜的稿子,若还拿出那么不得体的稿子请人校阅,真是完全不可原谅。

不论删改的出发点是什么——是他人的建议(或强制要求),还是自己的直觉感应——你都应该自己下笔删改,必要时甚至得整段重写,千万不要让他人操刀代劳。如果你没办法找到合适的人选提供删改稿件的建议,你就必须自己来。以下提供几点建议,你可以试一试。

第一种,是找寻文章里可能离题的小议论。通常当你和自己的稿子拉出些许距离之后,就比较容易看出这些毛病。你可能会恍然发现,原先提出的某些问题或议题到后来被搁置了,没有进一步探讨。你也可能会发现自己只是借题发挥,扯入某项你长期关心的问题,你或许觉得很重要,但是读者却未必有兴趣。如果你请同僚给予这方面的具体批评建议,他们通常能够帮忙找出这种地方。但是,如果你没有事先具体说明你是要请他们帮忙找出离题的毛病,那他们可能就会碍于礼貌而不好意思说。毕竟大家都是熟人,见面三分情,如果不是对方主动提要求,实在没必要指出对方的缺点,搞得彼此尴尬难堪,不是吗?

第二种,是找出多重例证、微型叙事(vignettes)或其他论证材料是否有不必要的重复。把最好的留下来,其余的都可以舍弃。以摘要的方式,概述你所看到的普遍模式,保留一个或两个足以说明模式的例子即可。你可能很想保留紧密相关例子之间一些幽微不显的小细节,毕竟那是你深入钻研资料之后,好不容易才发掘出来的。但是,这些你自认为有着重大意义的细节差异,看在不曾和你有同样第一手经验的读者眼里,却往往微不足道,很难激起任何深刻的感觉。我们研究者在将访谈对话转成文字时,大部分都可以看见甚至"听见"受访的信息提供者,可是读者无法做到这一点。对他们而言,这些只不过是没有生命的文字,而看起来没什么两样的文字一再重复出现,只会让读者感到厌烦。

在撰写初稿时,大可放心把各种辅助说明的材料全部写下来,等到校稿编辑时,你有的是机会大刀阔斧去芜存菁。这个阶段的焦点是把进行中的工作手稿紧缩精简,而不是决定哪些材料应该纳入初稿中。倘若例子太多,要设法予以整合或删除,这相对比较容易。但是如果太早把例子或说明删除,到后来发现需要补充时,还要再回头去找寻笔记或其他信息来源,那就相对费事了。你对于引文与微型叙事的选择,也可能随着文本的进展而有所差异。务必记得给你的文摘作记号备查(最好记下文摘在你手稿中的位置),以便能够很快找到原始资料。你的编码系统也可以用来作为一种提醒,以缩写的格式传达重要信息,譬如:"田野笔记,11/8/84",或是"M-23"(男性,23岁)。

第三种,仔细检查每一段开头的地方:每一节的第一个句子与第一个段落,每一章的第一节,甚至于整本书的第一章。很多次阅读初稿后,我发现我的开场白往往写得像是暖身运动。这样固然有益于我慢慢热身,逐渐取得写作续航的动能,但是缓慢的步调却也可能浇熄了某些读者的兴致。你或许可以每次在各个章节写开场白时,稍微扯上几句闲话——不过我曾再三提醒,最好直接写下论文开宗明义的关键句:"本研究的目的是……。"有些人在看过这本书的最初几版草稿之后,颇为含蓄地问我,为什么没有采用那样的开场白。问的人语气很客气,但隐约之中还是可以嗅出,他们似乎暗指第一章的呈现方式虽然还算简短,却难免有些拖泥带水,不能那么直截了当地让读者明白全书主旨所在。

在这儿,让我点出一个值得担忧的地方,当我们使用“本研究的目的是……”这样的开场白,才这么一下笔,就已经出现了“本研究”这样的字眼。在学术写作当中,“本文”“本论文”“本研究”或是“本书”这类字眼,肯定名列频率最高的前几名。如果可能,请把这些字眼找出来,悉数删除。你的读者不至于记性差到不记得眼前所阅读的是“本文”“本论文”“本研究”或是“本书”。

最后,试着找寻文章当中是否有哪些章节可以整个删掉,或是移转到其他的写作计划。我先前在第4章曾经建议过,研究方法的部分如果讨论的主题过于广泛延伸,就非常适合另辟空间,自成一篇独立的新论文。你可能会发现大段落的文字,例如整个段、节、章,比较容易删除,反而比较小段的文字却难以删减。作者对删除的大段落文字难以视而不见,往往会等待日后更适合的时候,再改写成另外一份作品。

我曾在编辑的建议(我喜欢把它想成是建议,而不是强制要求)之下,再者也为了符合该系列丛书的篇幅规格,忍痛砍去了初稿整整两大章的内容,那时候的感觉就好像整本书破了两个硕大无比的窟窿。不过,除了我自己以外,似乎没有人注意到有什么大不了的缺失。至于那两章忍痛删除的内容,后来也没丢弃,而是改写成了另外的文章,并且找到了更适合发表的地方。

相反地,如果你做了许多细部的小删改,你会开始担心,文章会不会变得断断续续或前后不连贯,甚至于面目全非,破坏了整份研究的主旨或结构?米奇·艾伦曾经建议我某本书的稿子“需要减肥瘦身”,他要我试着把每一章砍去三页。在当时,那似乎是个相当时髦的建议,就好像新年伊始,大家总会许愿希望来年甩掉几磅赘肉。后来,米奇不时地提醒我:“我想,你应该是永远也不可能实现的。”他真的意识到当时那稿子有十一章吗?照他的希望,整本书可是足足要砍掉 $11\times 3=33$ 页!稍微减个意思意思,聊胜于无,不好吗?没错,就像园艺师傅告诉我们的,修枝剪叶能够使植物长得更好。文书编辑上的“修枝剪叶”,应该也有增美文章的功效。不过,我发现实际做起来却是很难的,而且我总是保留最原始的、较长的版本(可能有许多不同的版本),这样一来,如果发现修剪的方向不对,或是修剪得太过头了,我们永远还有机会从头试试别的方法。

如何把质性研究裁剪得符合期刊论文或专论丛书规定的篇幅限度?又如何把两年的田野研究浓缩为十五分钟的研讨会报告?这实在是相当伤脑筋的问题。不过有些时候,简短扼要也可能会构成某些问题。大卫·费特曼(David Fetterman)曾经说过,有一次他替某管理公司做了一份评监报告,初稿却被退件了,理由是过于"简短扼要"。他进一步解释说明这个拒绝理由所依据的信念就是:"报告得看起来更有分量些,这样对未来的销售才比较有帮助。"(1989,p.17)

这应该是绝无仅有的情况,质性研究人员居然被要求把报告灌水、加长。一般而言,我们经常遇到的情况是必须忍痛将质性研究报告予以删减、浓缩。我自己写作时,还有我帮学生与同僚检视他们的质性研究时,我的建议一言以蔽之都是:"做得少,但要做得透彻。"

要达成上述原则,有一个策略做法就是找寻局部的材料、例子或个案来代表整体。在期刊论文或是研讨会的简短论文规格下,你做得再好,也必然只是"局部的"报道。学位论文其实也一样。

还记得我们在第2章结尾谈到的亚弗列的两难困境吗?(我赌你还记得。通常我们比较容易记得轶闻或人物小故事。)如果亚弗列当初来找我给他拿主意,我就会让他考虑找若干个自己能够处理得来的"单位"作为焦点,以其该年所有活动中的某些部分,来代表他预备煞费苦心搜集的那么多资料,而不是一定要完整呈现一整年的所有资料。比如针对班上某一位学生,而不是所有学生;缜密分析某一天,而不是每一天;学校上课的日子,而不是每一天;试验前后的某种现象,而不是该年度出现的所有情况;对某一关键事件做聚焦分析,而不是把所有事情都看成关键。这也就是研究写作的"逐鸟解题"对策:只针对某一种题材当作范例,聚焦深入撰写,然后再来讨论这些范例如何在较广泛的脉络中做更普遍的解释说明。我觉得,这样的做法似乎总是合理的选择。

让我们再回头去看看先前提过的伸缩镜头的比喻,有一个方法可以使得叙述性研究比较容易管理,诀窍就是逐步把"镜头拉近"(zoom in)，直到你感觉自己能够有效管理这些广度的叙述任务，然后再把“镜头拉远”(zoom out)，以便捕捉较为宽广的广角视野。就如同相机的预览画面一样，读者也需要通过广角的脉络，展望单一特定个案的普遍意义。研究任何事物，如果只着眼于单一面向，就难有意义可言了。我的答案似乎说得太轻松容易，不过我敢拿我半辈子从事质性研究的生涯作担保：我们所有人都能够办得到！

重复检视文章内容与文书格式

走笔至此，如果我让你感觉我比较重视文书格式，而相对轻忽文章的内容，那么容我在此郑重声明，这绝非我的本意。内容永远是优先考量的重点，重要的是你说的内容是否言之有物，至于表达手法优劣与否固然重要，但并不是主要的。就如同研究需要有资料搜集，但光是搜集资料却是不够的。文书格式吸引人的地方就在于，可以帮助读者更好地理解论述的实质内容。没有人能教你如何写作，不过倒是有很多人能够帮助你写得更好些。我从没遇过有人看质性研究，纯粹只为了看其文书格式。克利福德·格尔茨对于人类学写作的看法，也适用于一般质性研究的写作——“好的人类学文章都是平实无华的记述，而没有浮夸矫饰的虚文。不追求文学评论式的字斟句酌，也不鼓励如此做法”(1988，p. 2)。

我们质性/叙述性研究的探究对象，绝大部分都是其他人的日常生活。日常生活经验，顾名思义当然是所有人都共同拥有的普遍经验，所以，我们的研究实在没有必要装腔作势，故意抹上神秘或深奥难懂的色彩。生活本身自然有一种吸引人的风味，而我们对于这些生活的陈述记载也应该生机盎然才对。如果我们的叙述死气沉沉，那多半要归因于我们写作不够用心。我们学界人士在写作时，似乎就有一种特殊的本领，把研究写得枯燥乏味、生气尽失，而鲜少能够丰富、礼赞生命洋溢的意义与神采。校阅文章内容与文书格式给我们一个机会，同时也是一种挑战：就像是通过另外一个人的眼睛来看清楚自己的文章是如何描述活生生的人在日常生活当中的真实言行举止，以及如何阐述这些言行举止的意义。

校阅文稿时我常发现自己写的句子或段落又臭又长,章法结构拙劣,逻辑关系没必要的繁复杂乱。不过话说回来,这些后来觉得蹩脚不堪的拙劣写法,在当初下笔写的时候,自己或许还觉得相当贴切。更糟的是,在许多不像样的句子或段落背后,可能还藏着七零八落的想法。我时常在想,我的思考是否也像我的写作那样歪七扭八。(如果是这样的话,这问题是随着经验累积而逐渐减轻,还是随着年岁增长而越来越糟糕?)很多时候,想法在脑子里似乎还觉得差强人意,可是一旦写成文字,读起来总觉得不对劲,不够具体,也难以清楚剔透。

整本书的草稿都完成了之后,你可能会突然意识到,要让叙述和诠释相互配合,可不是一件轻松容易的小事。研究来龙去脉或许都摆在我们的脑袋瓜里,可是这当中有不少细节或轮廓却很难清楚地形诸笔墨。关于这一点,真的是旁观者清,当局者迷,观看别人文章的时候,总是比较容易看清楚,但是对于自己的文章就不那么容易看出来。叙述支持分析了吗?这个重要问题的解决之道不在于指责分析得不好,而是要保证分析确实有助于叙述的铺陈与组织,而同时叙述确实提供了分析的实质。我先前建议过,叙述事实可以作为开始写作的出发点,但是这样的建议并不代表叙述的文字就此变得神圣而不容变更。任何稿件尚未付梓出版之前,其中的每一个字都不是神圣不容变更的。

随着分析逐渐成形,若干原先收录的材料可能就会显得多余。再者,有些部分也可能显得有骨无肉,需要补充更多的具体细节。针对这种过程,人类学家麦可·艾嘉提供了亲身体验的心得:

> 你知道某些事情("搜集了一些资料"),然后你试着说出一番道理("分析")。接下来,你又回头去找出新的经验,以检视原先的诠释是否合理("搜集更多资料")。再来,你进一步改进优化你的诠释("进一步分析"),诸如此类,等等。这过程是来回的对话、辩证,而不是直线单向前进。(Agar, 1996, p. 62)

在写作中,陈述与分析之间的关系就是对话辩证,双方相辅相成,以便精简重点细节,保持聚焦,并推动叙述顺利向前开展。如果因为资料稀薄,导致叙述也变得"稀薄",你就应该尽可能坦诚不讳,并且知道局限所在,而不要漫天瞎扯,过度分析与诠释。你当然可以分享你个人的直觉或印象,这其实也没有什么不对,只要你切实注明其中哪些是你的直觉或印象。再者,如果你指出虽然目前研究结果还没能充分支持某种推论,但是未来如果能够找到某些必要的资料,就可以肯定推论的可信程度,这样的做法也是可以被接受的。

这个关键的"紧缩精简"阶段的另外一个任务就是找出没必要的重复。由于我们的研究有时需要长达数年的时间投入,而写作也得花上好几个月,因此我们往往会忘了人们只需要几小时,甚至几分钟就可以把整份研究报告读完。分秒之间就读完的几个句子,前后写作的时间可能相隔好几个星期,而修订改写的时间更可能有好几天的间隔。在这样的情况下,如果你能有审阅稿子很厉害的同侪朋友,他们可以帮忙,找出作者本人没法自行察觉的重复。当你在自己的草稿上发现这么一行短短的评语:"就在前三页的地方,你不是才说过同样的东西吗?"往往会让人感到惊讶失色。不过,来自同侪温和的指正虽然会让人有些尴尬,但总好过匿名审读专家不留颜面的严辞批评:"拖泥带水,需要重新改写!"

修稿改写与文书编辑

对自己的写作有自知之明的作者,有时会把修稿改写(revision)与文书编辑(editing)区分得很清楚:修稿改写是对内容的校阅、修改;文书编辑则是针对文书格式、编排体例,以及其他细节的修饰。如此的区分很正确地设下了优先顺位:文章内容优先。

大部分我称之为文书编辑的工作,许多人会归类为"修稿改写"。当你给手边正在进行中的工作稿登记新的日期、标题或是编号码,并且把先前的版本移至"档案"文件夹里时,你可能已经察觉了文书编辑与修稿改写之间的不同。当然,你应该找时间将各阶段的工作草稿储存备份,这样你才可以有记录可循,能够掌握稿件的新旧变动与进展。如果你发现某些修改不过如此,就可以复原旧有的版本。

成为你自己的编辑

“文书编辑”是一种特殊的技巧,而且与真正的写作有区别。不过,编辑确实可以提升我们对于文字的掌握能力,而且这种技能也可以随着实务经验的累积而熟能生巧。在学术研究写作当中,有各式各样的编辑机会,每一个研究人员兼作者都应该善加利用。对于学术与专业写作而言,有一种方式特别适宜用来累积经验,那就是同侪之间对彼此论文的相互评论。我相信你可以体会到,编辑是一种互惠互助的活动:你伸出援手帮助别人编辑他们的文稿,同时你也可以期待别人投桃报李,协助你编辑你的文稿。

帮忙看别人的稿子,提供编辑方面的建议,不只让你获得宝贵的经验,也可以共同承担起保障研究水平的责任。帮忙编辑其他人的作品也提供了难得的机会,可以从中发掘他人写作可取与不可取的做法,毕竟当局者迷,我们很难察觉自己本身的优缺点。

如果时机拿捏得宜,研究生学位论文最后定稿修改阶段,就特别适合指导教师提供编辑方面的指导。唯一必须小心的就是不要越俎代庖,一手包办完成所有的编辑工作,因为最终目标还在于协助学生自行发展成为好作家。因为学位论文的写作经常饱尝复杂的权力关系纠葛,还得承受迫在眉梢的截稿压力,即使是出于善意的协助,也可能被曲解为紧迫盯人的干预或压迫。如果是这样,就像本章一开始提到的组装独轮车的比喻,也许你所能做的就是确保初声新啼的写作新手在着手开始精简紧缩稿子之前,把必备的零件全都摆放在适当的位置。总之,尽量找出学生文思洋溢、观察入微的洞察见解,以及表达清晰流畅的地方,来给予评论与指导。

阅读期刊上的评论,则提供了另一种渠道,让我们能够及时知悉其他人的最新研究进展,同时也让我们的投入时间获得三种报酬。第一个,可以获知新出炉论文的概观介绍与评论。目前学术界存在着一种极为迫切的需求,就是必须持续追赶个人所属学术领域的最新发展趋势。上述这方面的收获,确实给予学者们相当大的助力。第二,你可以获知某位学者对于另一位学者论文的反应。虽然我们大部分人都认为自己的文章组织与体例格式没有什么大问题，但是当我们担任评论者时，却很少人能够按捺得住不去评论别人文章的组织与体例格式。第三，你可以饱览诸多评论者的不同文采或写作风格，看看学界同行如何通过训练有素的学术写作，来展开精辟入理而又微妙优雅的同行评议（当然，也有的不是那么和谐讲理）。在学术界诸多写作类型中，书评可说是一种没有得到应有赏识的艺术。我个人的看法是，我们其实应该多读、多写书评。别去理会有些人坚称书评（不论是发表在期刊还是网络上的）算不上学术贡献，任何事情只要有助于你成为更干练的作者，增进你的写作能力，都算是有大贡献。

时间——沉静的伙伴

我发现当我一次投入太多心力在编辑工作上时，回报率也会跟着缩水。稿子永远有需要改进的地方（是的，眼前这本书也是，未来还需要多少增修版才能够"差强人意"啊？），多次的、高效的编辑才是比较理想的做法。不过，我也需要和自己写的东西保持些许距离，以免改了一大堆，结果却不见得比没改以前好。当时间允许时，我喜欢把稿子暂时搁置在一旁，先去忙别的事情，等过一阵子再回过头来把稿子拿出来编辑。经过一段时间的搁置之后，我可以把编辑的工作做得更好，包括：加强诠释、找出不一致与重复的地方、挑出顺序或逻辑的失误、改掉浮滥的字眼与句型。

其他文书编辑的方式

当外部的协助无处可寻，或是时间不允许时，我就会寻找其他能以新视角来重新检视稿子的方式。其中一种就是逆向编辑，从最后一页开始往前编辑，直到第一页，这样能够注意到排在后面的字句、段落或章节，而不像一般的正向编辑，注意力只能关照前面，而忽略后面的部分。[2] 其他做法还包括：将稿子念出声音来；到陌生的地点，读一篇内容十分熟悉的稿子；用很快的速度读一段稿子（如果先前的校稿都是采用逐字精读的方式，若改成速读的方式，很可能会产生意想不到的新奇效果)。还有改变字型与字体大小(文字处理软件很容易就能够办到),你可以重新安排纸上或屏幕上文字之间的空间关系,这就能让你对原先的语句有新鲜感。有时候我会采用机械化的方式顺稿,看看是否能够从每个句子当中删除一个不必要的字眼,或是从每一页当中删除一个不必要的句子。当我在电脑屏幕上直接编辑时,如果发现段落最后一行只有一个或两个单字,就会想办法试着在那个段落当中修改或删除某些字词,以便除去那落单的最后一行。我得承认,看着屏幕上的一个个段落由疏落空洞变成紧凑密实(具体有形的"紧缩精简起来"),那种感觉实在是有说不出的奇妙!

每次看到被动式的句子,我都会试着改成主动式的写法。不过有很多时候,我找不出适合改写的方式。我也会发动"侦查与歼灭"的攻势,以便搜出浮滥使用的表达语句和字眼。有个字一直让我很受不了,就是"*very*|非常",这是非常没必要的字眼,也是很糟糕的用词习惯。在写作指导经典《风格的要素》中,作者史壮克与怀特点名批评了"*rather*|略有""*very*|非常""*little*|有点""*pretty*|相当"这几个文法修辞上的"限定词",并且提出一个简明扼要的建言:少用为妙(Strunk & White,1972,p. 65)。其他同样浮滥的字眼还包括:"*even*|甚至"和"*however*|然而"。我有自知之明,我的文章也有滥用这些字眼的毛病。

我总是写了太多的"*but*|但是",但是又苦无删除不写之道(这样两个"但是",是不是显得自相矛盾?)。同时,我似乎也在一次又一次的写作当中,不知不觉染上了一些难以破除的新习惯。比方说,我还发现,我不只过度使用"*on the one hand*|一方面"和"*on the other hand*|另一方面",而且经常只讲了其中一个,而完全忘了提另外一个。

有一张警示标语,目的是提醒人们要避免混淆,但是这标语本身却用了两个颇为晦涩罕见的英文单字:"Eschew Obfuscation",不少人根本不知道如何正确念出这两个单字的发音。这个例子正好提醒我们,学术写作者应该身体力行,尽力避免使用混淆难懂的字词。下面是我个人在最后编辑阶段的检查清单,项目不多,不过通常需要两次以上的检查才能满意。[3]

- 不必要的字眼。
- 被动式的语句。

- 特定的形容词，譬如：上面特别提及的那些字眼。
- 过度使用的短语。
- 滥用任何事物，譬如：使用过多的引言、斜体字、括弧说明，以及个人爱用成癖的词汇或短语。

我很早以前就已经明了，从投稿到最后正式付梓发行这当中间隔的时间可以拖得天长地久。因此（即使）在投稿之后，我还是会继续不断地检查修订（请特别注意：只有最后的定稿才算数！），我会知会出版社，在等待期间我仍然会持续进行文书编辑，并且让他们安心，只要出版社决定正式付印的截止日期，我可以立即配合交出一份最新的定稿，绝对不会耽误印制工作。有时候，稿件的制作与付印可能会耽搁上一年或两年（多位作者分工合写的合辑似乎特别容易拖延），在这漫长的等待期间，没道理让自己的稿子搁置一旁而不设法改善。万一时间拖得很久，原先收录的参考文献就有可能需要更新。如果稿子寄出之后，发现还有若干没列入的参考文献，你或许可赶在最后一刻补充加入最新的参考文献，让你的研究跟得上最新动态。但是要马不停蹄地随时跟上“最新局势”，根本就是永远打赢不了的追逐战。

预料之外的拖延，也有可能让你多了些时间更深入地反思，从而强化你的诠释或分析。你必须明白，有可能好几年过去了，你仍然无缘提炼出观察入微、深刻辟里的理论洞见。诚如本书扉页引述达尔文所指：“书中所有的观点，又有多少必须重新改写？”有朝一日，如果你终于对这一层道理有所领悟，那你心中应该就能够宽慰些，毕竟和你有类似遭遇的人大有人在啊！

另一方面（喔喔，这个短语又来了！），不要自讨苦吃，拼死拼活想要一网打尽每一条最新的文献，把临出版前最新的相关文献，一条不漏地全部纳入你的文章。只有新兴的电子期刊比较适合如此的作为，而叙述性研究赶不赶得上最新的文献，似乎也不是那么攸关重大。我曾经应邀参与一本合辑的写作，我负责其中一章。主编饱受众家稿件再三拖延之苦，威逼利诱才让那些赖皮作者最终交稿。等到这本延宕多时的合辑终于正式付印出版，我老早准时缴交的原本自认写出“最先进境界”的那一篇，在书里众篇文章当中，看起来更像是一篇陈年文献的回顾探讨。经过这次经验，我学到的心得是，文书编辑与修稿改写应该着眼于收录具有实质参考价值而且经得起时间考验的文献，而不是试图赶上“最先进发展”。随着出版媒介越来越便利快捷，我们应当正视质性的研究其实不必像其他领域那么迫切需要不断的推陈出新。

寻求专业编辑协助*

我们已经讨论过，同事/同学互相看稿可以对稿子带来的助益，而且我们身为稿子的作者仍可保有相当的自主权。接下来，我要转个方向，谈谈你可以预期有哪些正式的编辑协助，包括那些你无从掌控的“协助”。

说到专业编辑协助，有一点倒是你绝对可以预见的，那就是你没办法指望寄给期刊或出版社的稿子，肯定能够获得妥善的编辑协助。我认识一个作者，她在某大学出版社热切邀稿之下，寄出一本质性研究的初稿。当她拿到出版社准备付印的定稿时，整个人差点没给吓坏。她原本以为，出版社的编辑会逐行仔细校对，然后汇整修改的意见，给她作最后的裁决。然而，后来的实际状况完全不是这么回事儿。情非得已之下，她只好商请出版社把稿件寄回来（这个决定特别为难，因为这是她的第一本书！）另寻其他的专业编辑帮忙。幸好出版社仍有诚意出版，也同意宽延出书日期。面对迫在眉梢而且通常很少通融的截稿期限，作者必须在左右为难的情况下，忍痛决定究竟是要屈就不甚满意的稿子，迎合出版社预定的出书日期，还是要冒着出版社可能放弃的风

---

* 【译者补述】：说到专业编辑与其他出版相关制作人员，以本书英文第 3 版为例，参与制作的出版社专业编辑共有以下几位（资料来源：本书英文版第 3 版，版权页）：

征稿编辑 Acquisitions Editor：Vicki Knight
副编辑 Associate Editor：Sean Connelly
编辑助理 Editorial Assistant：Lauren Habib
制作编辑 Production Editor：Astrid Virding
校样编辑 Copy Editor：Liann Lech
排版 Typesetter：C & M Digitals (P) Ltd
校对员 Proofreader：Dennis W. Webb
封面设计 Cover Designer：Glenn Vogel

险，坚持把稿子修改润饰到满意的水平。

过了些时日，我恰好有机会和那家出版社的一位营销人员提起这件事情。她有些吃惊，不太明白为什么我们会觉得出版社好像没有提供作者编辑方面的协助，她说他们其实很愿意协助作者解决编辑方面的问题。接着，她又解释说，他们只是不清楚作者是否欢迎我们提供这方面的服务。写作的人往往不是很乐于主动寻求协助，如果有任何人暗示他们的写作需要“协助”，尤其是如果还要求必须大幅度修正或删减，他们都会感到相当烦恼。

一方面，作者希望获得文字编辑方面的协助；另一方面，合作融洽愉快，是相当不容易达成的。我对于文书编辑诸多枝节末微的讲究，是我过去担任学术期刊编辑多年养成的习惯。我总是鼓励期刊内部的编辑员工（一位兼职编辑、一位半退休的专业编辑，还有若干位助理研究生），以及外审编辑人士，都抱持同样严格的标准。针对认真考虑录用的稿件，每个工作人员就在同一份影印稿上用铅笔写下个人的评语和建议，然后所有人互相传阅，并针对其他人的建议提出质疑或看法。这属于我们共同文书编辑的一部分。我们阅读彼此的评语，如果觉得该稿件作者对于其中某些评语可能会有兴趣参考，我们就会在稿件的边缘空白处，把这些评语写下来。当然，我们建议投稿者更改的地方不见得一定是比原稿更好的写法，因此除了统一格式的要求之外，我们并不会坚持一定要投稿者改写成我们提议的方式，也没有保证依照建议修改之后，我们一定会录用。修改后再寄回来的新稿，还得经过相同的审稿程序。也就是说，作者寄回修改过的稿件（几乎大部分的作者都会从善如流，将稿子修改之后再寄回来），我们会把它当成全新的稿子重新再翻阅一遍，而不会把它拿来和原先的书稿逐句对照比较。

我曾经听说有一位资历颇深的老师收到我们寄还的稿件时，怒气冲冲地跑出办公室：“从我高二到现在，还没有人像这样大肆批改我写的东西！”后来，我们收到这位作者寄来的包裹，里头附有一封温文有礼的致谢函，感谢我们对她的稿子无微不至的校阅，而且稿子也修改得很令人满意，我们当然乐于安排刊出。还有一位撰稿者看到自己的作品，有感而发地表示：“我不知道自己居然写得这么好！”事实是，他的确没有写得那么好。我们的坚持，以及若干具体而详尽的编辑建议，再加上他个人从善如流，愿意配合改写，最后的结果就是一篇出色的论文。因为我们坚持写作品质，结果就是我们也确实得到了想要的成果。如果有那么一天，有明察秋毫的读者或评论人员发现我主编的期刊登载的论文(*Anthropology and Education Quarterly*, 1983-1985)，每一篇论文都行文高明，并且不吝美言赞许，那我肯定会受宠若惊。不过，这是不可能发生的。好的文章并不在于花团锦簇的文采，而是让人容易体会文章所要传达的内容。

在我看来，学术界的作者之所以很少利用自由执业的编辑人员，原因可能是不习惯这样花钱，还有就是过去很少人这么做。提供专业编辑服务的市场相当活跃(电话黄页簿里满满的广告，可见一斑)，现在学术界普遍都愿意投入大量的时间在写作上，也不吝于购置最新的硬件与软件设施，但是却连一分钱也不肯花费在编辑上。就我记忆所及，我还真的没看过有任何研究计划申请书或是专案计划企划书在编列预算时，纳入文字编辑的项目。但是，这些研究项目却又期许结案报告能够达到公开出版的水平，而不只是内部参考用。这当中似乎存在着一种不成文的错误观念：个人的写作就如同个人的研究一样，应该是原创的，完全不求助他人。有这样的想法是很糟糕的，因为其他人的校阅审改，真的可以让我们的写作获益良多！

学术界的作者不雇用专业编辑，除了顾虑到必须自掏腰包，负担可能高达数百美元之外，还有若干顾虑。其中一个问题就是如何辨识“好的”编辑。这个品质控管的问题确实存在，尤其是几乎每个曾经出版过几本著作的“作家”，或是曾经修过几门写作课的张三王五，都可以堂而皇之地自称是编辑专家。此外，研究人员也担心，编辑充其量只具备修改文句与格式的能力，对于技术层面的问题可能所知有限，也不太可能深入“了解”交付到他们手上的著作内容。可是，我们本来就宣称质性研究的目标是协助读者看清我们提供的观点，从而理解其中提出的诸多议题，那么前述的质疑似乎就不攻自破了。编辑应该能够协助我们达成那个目标。好的编辑能够协助发展作者的个人风格，同时又不会损及作者敏感、脆弱的自尊。你可能听过某家漱口药水的一句甚为流行的广告词：“有些事情，就算好朋友也会三缄其口！”假如你平时只仰赖三五好友、亲近的同事或自己的学生来校阅与评论你的作品，那你就该仔细想想这句广告词。*

如何写出质性研究的结论

结论？千万不可轻易为之！如果你认为在质性研究最后一章一定要下个结论，或是把所有研究结果导向一个戏剧性的高潮结局，我奉劝你务必三思而行。有人这么说，典型美国人的思考总有二分法倾向：研究要么做出决策，要么得出结论。显然，有些研究是具有决策取向，但其余的研究未必都可以冠上“结论取向”这样的标签。我自己在写作质性研究时，会避免使用“结论”这样的字眼。我也避免使用“研究发现”这样的字眼，因为不管是“结论”或“研究发现”，似乎都会对研究报告的写作产生一种效果，导致读者不恰当地期待看到作者坚定而明确地提出若干让人信服的分析结果或启示，却因此旁落了若干根本议题，而那才是我们希望读者能在阅读之余自己去用心思考的。这一切都得回头想清楚，最初的研究目的究竟是什么。如果研究问题需要有系统的资料搜集、分析与报告，那么似乎比较适合采取量化的研究取径。我的研究不倾向最后来个大结局，那样的写法总会诱使人写些超过研究报告的题外话，有可能折损（或是夸大）观察结果本身所具有的力量，也可能会折损或夸大我对观察结果的诠释。

质性研究人员似乎特别难以抗拒，或者说是有股按捺不住的冲动，逾越对事实的据实报道（“事情的实然是……”），而把研究当成宣告理想的讲台（“事情应该是……”）。在观察的事实与理想的价值之间，一定要注意区分。

所有的叙述都包含着隐性的评价，不论那是源自于当事人的叙说（“我们这儿迫切需要……”）、专家的见解（“如果这些人明白什么才是对他们好……”），还是我们研究者个人的评估（“根据我的丰富经验，我强烈建议……”）。而防治之道就是要自我节制。当我们为研究结论寻找依据时，发表个人意见或评价的冲动似乎最强烈。你会发现，这

---

* 【译者补述】：即使是好朋友，也不好意思批评你的口臭。如果你的作品有任何见不得人的缺点，你觉得你的好朋友、同事或学生是会直言不讳，还是三缄其口呢？

样的冲动不知不觉窜进自己的作品里(你可以在我的作品里找找看,应该也有这冲动发作的状况,比如《校长办公室的那个人》),出现“应该”“必然”“需要”或是“必须”这一类字眼,很可能就是这种冲动发作的证据。提供个人意见或是专业的判断,其实没什么不对。不过,很重要的是必须清楚注明哪些纯属你的个人主张,而且还应该记得找出影响你持有想法的来源,也别忘了注明你的想法源自何处,或是受何人启发。

当你如此做的时候,或许需要思考一下,为什么我们会觉得有义务提出结论,而且还得是皆大欢喜的乐观结论。若干年前,人类学家鲁思·本尼迪克特(Ruth Benedict)曾有这般观察心得:“一般美国观众总渴望结局。”(Benedict,1946,p. 192)我们同时是研究的生产者与消费者,这使我们不但需要(需要?)正视这种渴望圆满结局的集体心理偏好,还必须正视促使我们致力提供“圆满结局”的冲动。

现在,我们经常看到有新闻说电影拍好了,但是有许多不同的结局,制作单位要求重拍,或是寻求焦点小组讨论协助决定选择其中一种可能有较好票房的结局。各种新闻周刊的每一篇文章,还有电视新闻的每一则现场报道,都少不了有个戏剧性的高潮结尾。质性研究的结尾不需要如此戏剧化的高潮,只要合情合理也就差强人意了。学位论文,只需要在最后一章的最后一段,写上一两个句子作为诠释,也就够了。期刊论文与科学导向的专论对于结论的写法,则普遍趋于节制而低调。书籍似乎比较倾向于容纳且要求较多的作者个人见解,甚至于在结语处还展现个人特殊的观点。因此,读者因素仍然是关键所在,另外一个决定因素则是研究者在学术生涯所处的阶段。

我给学术写作新手的建议是,尽量采取保守的结论,简单扼要地回顾整个研究做了哪些事情、得到哪些结果,以及发现了哪些新的问题。不要为了写一个冠冕堂皇的大结局(grand finale),而把个案研究的独特细节弃而不论。没必要在每出戏的结尾,都得搬演独木舟航向夕阳的梦幻画面。学术界的作者很容易就会忍不住写出戏剧化但无关宏旨的结尾,或是牵强地对研究中尚未彻底探究讨论的议题给出结论。我们必须正视这种诱惑与冲动,并且努力克制。

头尾都很重要,作者必须格外费心这两个部分,因为读者往往会特别注意开头与结尾。设法找到可行的办法，尽量把头尾写好，但是注意不要流于戏剧化。

与其想方设法硬挤出结论，你不妨试试让自己和读者去思索那些你一直苦思不得其解的根本问题。假以时日，你可能会了解得更多。就当作一个注脚吧！1964 年我完成的博士学位论文中触及的一个问题，直到 1989 年在《瓜基鸟图部落与学校》（*A Kwakiutl Village and School*）的编后记中我才找到适切的结论，终于解开了那道悬而未解的陈年问题。逝者如斯，四分之一个世纪已流逝不复！

替代结论的其他结尾写法

有若干写法可以用来替代正式的结论，其中包括：结语、建议与/或意义启示、作者个人省思。单独或混合运用上述几种方式作为研究报告的结尾，都可能获得令人满意的成果，并不非得在报告落幕时堆砌一些冠冕堂皇却和研究本身无关的空论。在决定是否选择这些替代结论的写法时，都必须考虑质性研究的目的与机会，以及你预期的读者群。

(1) 结语

客观的"结语"（Summary）* 可以以一种拘谨而审慎的方式来强有力的结尾。它可以以开头的研究主旨宣言为基础，回顾研究实际完成了其中哪些目标。这也让你有机会预估可能的评论反应——来自善意的批评者，而不是你最恐惧的噩梦评论人。他们会指出缺点，讨论在你年岁和见识增长之后，怎样把该项研究做得更好。你的评论应该只限于摘述前面陈述或谈论过的内容。结语不是用来搬出某些重要信息以便吓唬读者的，那些内容早就应该在前面正文的某个地方介绍讨论过了。

千万不要在结语的地方抛出全新的诠释论点，仿佛要把整份研究

---

* 本书中"summary"译为"结语"而非"摘要"，而"abstract"译为"摘要"。——编者注

扭转到迥然不同的新方向。结语是让你重复陈述重点，以确保你的重要讯息（如果你确实有重要的讯息）传达给了读者。但是，如果你的结语不只是结语，同时还兼有评论之类的功能，可能就需要另外加上几个字，把标题补充标明清楚，譬如：结语和讨论“Summary and Discussion”，或是结语和反思心得“Summary and Reflections”（这类写法请参阅下文）。

如果你觉得结语是个不错的做法，不妨试着在整部研究报告各个适宜的结尾处，分别提供简短的结语（就像我应出版社编辑要求，在本书这个版本的写法），而不是保留到全书或全文最后，才提供一个总结一切的压箱宝大结局。如果严格遵守结语单纯摘述前面内容的界限，那么节末结语是最好用的。遗憾的是，许多文章明明标题是该节的结语，实际上却是用来介绍接下来要呈现的内容，根本没有善尽结语的真正功能，亦即简洁扼要地回顾该节先前呈现的内容。导言，顾名思义，其位置应该摆在每一个新章节的开头之处，而不是摆在先前章节的结尾处。简明扼要的章节结语就类似“赛事记录表”（box score），可以在每个章节结尾之处提供该章节获得的研究结果，以及回顾重要的新资料与观察入微的洞见。结语应该对作者和读者保持聚焦都同样有帮助。

(2)建议与蕴义启示

最常见的一种用来替代结论的结尾方式，就是在最后一章或最后一节，搭配使用简要的结语和“建议或意义启示”（Recommendations/Implications）。至于是大胆地直接提供建议，或是比较含蓄地指出可能的意义或启示，则有赖于研究的属性与目的、研究预设的读者群（决策人员可能会偏好建议），以及研究人员的身份、立场与地位如冷静旁观者、顾问咨商、评论者、倡议人士）。

①建议

a. 有助于理解或化解问题的反思建议。面对希望提供建议的要求,着重客观取向的研究者可能会备感压力。一方面,他们想要充分呈现研究个案的全貌,尽可能提供充足的脉络背景细节,以便读者能和研究者站在相同的立基点,充分掌握判断所需的相关信息与细节,这样研究人员就可以卸下代为判断的责任。另一方面,如果你投入相当心力探究某项议题(例如:为什么××少数族群的孩子在学校学习成效不甚理想?哪些做法可能遏止青少年××问题?怎么做才能够改善××人的××状况?),那么研究赞助单位或是关心该议题的读者无可厚非地,就会希望你提供一些有助于理解或解决该议题的反思或建言。许多质性研究的目的往往就是针对某些提供援助服务或社会福利的组织或计划,找出这些组织或计划施行时的缺失,因此,提出任何有正面意义的反思或建言当然有益而无害,还可以平反质性研究报忧不报喜的负面印象。

叙述性研究的报告最有可能流于模棱两可,让人摸不着作者的主张或立场,简直会把人逼得要发狂。尤其是忙碌的业界人士或决策人士,读到最后总是免不了会问"那又如何?",或是"这样啊,那接下来该如何处理呢?"对于这样的人,质性研究那种不涉主观判断的做法,很容易被看作学者明哲保身的推托,而不是一种值得赞赏的超然态度。我们学术界的人或许不喜欢被迫表达个人的反应与意见,但是我们必须做好准备,有需要时就能够适度表达,这是我们不容推卸的责任。就此而言,我们不妨列举一些补充的信息或观察心得,以便其他研究人员能够借此提出解决方式或建议,或是做出解决问题必需的判断。

明哲保身不置可否,或是不合时宜故作谦虚("嗯,我们所知有限,不可能提供任何看法"),就把责任推卸得一干二净,这往往是因为怯弱而不敢承担责任。不过,如果研究人员明明白白指出自己不理解的地方,或是界定不明的地方,这样的回应也有助于揭开所研究的行动计划内在含糊不明的问题。如果有人问:"你为什么不告诉我们该怎么做才能让这个计划发挥更大的效益?"研究人员就可以这样反诘解释:"因为我一直没搞懂你们这个计划究竟想要达成什么目标。"[4]

b. 厘清内在紧张态势。另一种提供协助的方式,就是厘清诸多的内在紧张态势(inherent tensions)与谬论,虽然这种做法有可能招来当事人的否认或不愉快。举个例子,人们处理事情的做法,有时会产生预期之外的效果,甚至是反效果。人类学家雷依·麦克德蒙(Ray McDermott)使用微型文化(microculture)的分析模式,探讨小学一年级阅读教学课,老师对学习成效高低两类学生的差别对待方式。根据麦克德蒙的观察发现,当学习成效较高的学生专心练习阅读技巧时,学习成效较低的学生也如其本色,忙着搬演"差学生"在课堂上应该会表现的戏码(McDermott,1976)。

整天忙得焦头烂额的小学一年级认真老师,看到这样一份由外来者所做的观察与诠释报告,大概笑不太出来吧!然而,在正规教育当中,几乎随时随地都在上演着类似的荒谬现象——敏于学习的学生得到的是教学,拙于学习的学生得到的却是教训。* 社会生活中充满了形形色色的荒谬事,有时候当事人在不自觉的情况下,做出事与愿违的举动,这时候,不带感情包袱的外来者可能就比当局者迷的圈内人更容易看清楚事实的真相。

c.提供替代做法或是更好的解决方法。第三种提供协助的方式,就是去找出替代目前惯行做法的其他做法,然后有系统地检视每一种替代方案的可能后果。就此而言,研究人员的分析技巧不只是一种潜在的资源,而且还可以提供范本,帮助其他人开启自己的研究之路。如护士、执法人员、社工人员、老师等,不只是研究的协同伙伴,而且最终还可能变成研究人员,在他们自己服务的场域中,自行着手展开促成改变的研究(请参阅,例如:Mills,2007)。我们经常遇到资料超载问题,也能深刻体会听起来头头是道的想法,一付诸实行却漏洞百出的苦恼。在很多方面,实务从业人员比起研究人员更需要"舍弃",即必须忽视大量的信息,然后才能够顺利解决他们所承担的任务。知道得越多,越可能使问题复杂化。

②意义或启示

从研究当中推衍意义或启示(implications),颇近似于提供建议。

---

* 【译者补述】:原文写法比较传神:"the quick students get the lecture and the slow only get lectured."

不过推衍意义或启示较强调对研究问题的省思，研究人员比较容易保持客观的距离。意义或启示或许不能提出解决问题的方案，但可能提供一条别出心裁的发问路线。若是初出茅庐的新手，只做了单一个案的纯学术研究，就斩钉截铁提出狂妄的建言，看在专业人士读者（如实务从业人士、行政管理人士、决策人员）的眼里，十之八九难逃冷眼相对或嗤之以鼻的下场。这样的情形下，结论保守一点比较好。

如果设定的读者群只是研究同侪，那么只需要在结尾摘述研究发现的结果，再提出未来研究的方向，基本上就足够了。但是如果有人请教，我们就必须有所准备，而且愿意提供更详尽的说明。

如果我们能够好好了解实务从业人员想获得什么样的协助，或是设法将我们有资格提供的“答案”研究得更透彻、表达得更清楚，那么我们身为研究者的作用就可以发挥得更充实。我们经常会面临一个值得玩味的尴尬问题——这同时也是从事社会事务研究者百思不解的问题——为什么社会事务研究的影响力如此的微不足道？太多时候我们的研究无关痛痒。我们似乎总是过于轻忽自己的研究可能造成的冲击，也没有认真关心这样的冲击是否就是我们研究想要的影响后果。还有，我们老是眼高手低，苦心积虑想要通盘解决问题，却忘了如果我们从局部的个案研究切入，或许更有说服力。

(3)个人省思

目前学术界有一股颇为盛行的潮流，鼓励研究人员坦然面对田野研究经验，并且对于这些经验进行“自我反省”思考（“self reflexive” thinking），我个人非常欢迎这种书写与报告“个人省思”（Personal Reflections）的趋势。毫无疑问，田野研究工作者本人可能是受到该项研究经历影响最深的那个人。在你写个人省思笔记时，请特别注意，你应该把研究的主角当成省思的焦点。你越是迫切想要站到镁光灯下，就越要小心，不要把个人的省思与省思所依据的观察现实混为一谈，尤其是在文章中你一直没有“现身”，也没有呈现出你的感觉的时候。反之，如果你在文章当中一直都在“现身”，那么你可能已经有很多机会（或是已经制造很多机会）分享你的个人省思了，就不需要多此一举，另外再写一节或一章“个人省思”。[5]

本章结语

1. 质性研究的叙述内容篇幅相对比较长，但这本身(in and of itself)并不是首要忧虑的问题。适切的叙事报告必须要有充足的细节作为基础。

2. 另一方面(on the other hand)，不必要的冗长，或是不太切合主题的材料，则会产生干扰读者专注力的反效果，读者可能会因此怀疑作者是不是自乱阵脚，搞不清楚重点究竟是要讲什么，或是沉溺在一厢情愿的写作当中，没有顾及到研究的根本目的。

3. 注意语句的结构是达成紧缩精简的第一步骤，当然也有助于改善写作。譬如：前述两点出现的短语，“就其本身”(in and of itself)，以及“另一方面”(on the other hand)，为了简洁起见就可以删除不写。

4. 除非有非要不可的理由，否则尽量不要一字不漏地呈现信息提供者的原始冗长话语，或是引述其他人的长篇大论。比较适合的做法应该是改写转述与汇编，以突显你引述此参考资料的用意。

5. 如果每页删除若干字数，或是每章删除若干页数，还不足以达成你个人希望的(或强制规定的)页数限度，那就必须考虑将整节，甚至整章全部删除，然后把其中还合用的材料挪移到其他适合的地方。

本章注释

1 关于视觉呈现的作用与重要性，更详细的讨论介绍，请参阅 Tufie(1983，1990)。关于图表的制作，更详细的讨论介绍，请参阅 Wallgren et al.(1996)。

2 或许你已经发现一个小诀窍，将打印稿的修正版本输入电脑时，如果采取逆向的方式，也就是从文章的后面开始往前面逐次修正，速度会快一些。因为这样做，两个版本前面未修正部分的字句位置都不会因新修正而变动，如此一来，要找到你注记有待修正的位置就容易多了。

3 这份检查表让我回想起编辑黛博拉·劳顿(C. Deborah Laughton)给我的忠告，那是许多年前她的作文老师伊莎贝拉·齐葛勒(Isabelle Ziegler)传授给她的：

Nouns are good,	名词很好，
Verbs are better.	动词更赞。
Adjectives sometimes,	形容词少用为妙，
Adverbs never!	副词永远不要！

4 有关社区发展计划界定含糊不清的案例，请参阅 HFW(1983b)。

5 请参阅 Van Maanen(1988)第四章和第五章介绍讨论两种风格相左的研究者自我反思写作类型：自白式报告(confessional reporting)与印象主义式报告(impressionist reporting)。

结案收尾 6
Finishing Up

我热爱写作，可我实在受不了文书庶务。

——彼得·德·弗里斯(Peter De Vries)

到这里，你心里多少有些如释重负，该写的总算都写完了！不过，如果要正式出版，还有不少事情得打点。以下择要列出，以供参考。

写期刊论文或系列丛书时，应该先把期刊或丛书编辑要求的写作规范搞清楚。递交合乎规范的稿件不仅是出版界应有的礼貌，有助于搞好出版关系，更是作者不容推卸的责任。你可能会发现，各家出版社之间（还有各个专业领域之间、各家学术期刊之间）对于写作规范的习惯做法与偏好，往往是各唱各的调，有些差异简直是天差地别，的确会让人大感吃惊。同一份期刊，即使宗旨维持不变，不同任期的编辑，对于投稿需知的规定要求，有时候也大相径庭。编辑的权责所在，就是要维护一种统一性，并确保你的稿件符合他们的要求。你可能因此遭遇若干意外的写作要求，同时也会发现，有许多重要的事项是由他人决定的，身为作者的你并无选择的余地，只能顺应接受。

书籍与大部分文章的主要组成元素

置放于书籍正文之前的资料，一般就直接叫作“前辅文”（front matter）［也称作“书前辅文”（preliminaries）］，书籍正文之后的资料则叫作“后辅文”（back matter）［或“书末辅文”（end matter）］。学术期刊的论文、报告与论文集的单篇文章当中，这些前辅文或后辅文的资料，大部分也都需要依照一定的规范处理（一般而言，所需要遵循的体例规范比书籍的简单一些）。以下讨论的顺序，是依照这些项目的使用频率高低，越常用到的项目越优先讨论。请注意，这并不是代表该项目在书籍或文件当中的先后顺序。这些资料当中，有些是用来向读者介绍书籍作者与该本著作，有些是为了让该本著作较容易被检索到，有些则是配合出版社的要求，用来维系出版品质与统一性。至于个别项目的取舍以及排版的位置可参考后文的若干变通做法。

前辅文通常包括：标题、献辞、前言、导论、序言、致谢辞，以及目录。此外，也可能加入作者简介和摘要。如果是期刊文章，则可能需要提供关键字、识别字词（descriptors）或索引字。另外还需考虑是否要使用脚注、尾注、图表、照片或其他艺术作品。有的话，还得进一步考量该采取何种格式与位置。

后辅文通常包括:参考文献、附录或补充资料。另外,视个别作者的实际需求,以及编辑要求,还可能提供索引、词汇表或术语释义表(glossary)。后辅文差不多就是这些项目。不过,作者还得承担若干收尾的工作,包括:回复校样编辑的修稿要求,审核书页校样(page proofing)。如果是第一次写书、出书,你可能会抱持一种期待的心情,盼望着这些问题找上门来,甚至期待着出版社与你敲定最终的书名。不过,你也可能因此误认为这些问题可以往后延,留到最后再来考虑也不至于太迟。我的建议是,最好在写作进行中就留意这些问题,这样就不至于到了最后关头抱佛脚,仓促做决定,或是被一大堆收尾的琐碎杂务搞得人仰马翻。在写作过程中,抽空检查、校正参考文献书写体例,既比较有效率,也不会有太沉重的时间压力。

书　名

在研究项目进展初期阶段,书的标题采用简略形式就足够了,我们称这种标题为"工作标题"(working title)。工作标题与草稿版本的写作日期,最好都能呈现在稿件的每张页面上。工作标题把研究问题的主旨纳入其中是最好的,这有助于提醒研究者随时注意问题的焦点所在。随时都应该思索最后确定的标题,想到任何可能的标题就记录下来。从研究项目起步,一直到完成第一份初稿,工作标题是少数具体明了的标志,可以简洁有力地起到宣告与摘要的功能,方便研究者拿来和其他人分享,让人们能够马上理解研究的大致方向与内容。

阿兰·佩什金(Alan Peshkin)著有一篇文章"From Title to Title"(中译:"标题的更替")反思这一点,颇有参考价值。在这篇发表于1985年的文章中,佩什金现身说法,通过描述自己某一次的田野研究进程,让读者看见一连串的工作标题如何逐步演化、更替,也从中见证了他对于该项研究关注焦点的持续反思与修正(Peshkin,1985)。这位已故的教育人类学家,对于美国社区教育研究耕耘颇深,几本教育研究专论与论文集掷地有声,堪称质性研究写作的极佳范本,值得有心写好质性研究的晚辈学习。

起书名固然是件严肃的事情,但同时也可以很好玩。学术写作有项不成文的惯例,不管适不适合,有无必要,总喜欢使用双标题。风气所及,各种形式大小不一的文章或书籍,全都给题上了两串长长的字串,中间再插入一个煞有介事的冒号来联结,美其名曰:正、副标题,而多半时候,两个标题根本毫不搭界。甚至一篇小短文,也莫名其妙给冠上声势惊人的双标题。不过,话说回来,有些标题倒是颇富创意,甚至让人眼前一亮。只是也得小心,因为越是让人眼睛一亮的标题,就越有可能让人不知所云,也就越需要借助副标题来传达其内容究竟是关于什么的。

在这儿,容我分享早些年我最钟爱的若干本书籍标题。苏珊妮·坎贝尔琼斯(Suzanne Campbell-Jones)的"*In Habit*",副标题则是一目了然的研究主题"*A Study of Working Nuns*"(中文暂译:《习性:上班族修女研究》,1978);夏莉·卡文(Shari Cavan)的"*Liquor License*:*An Ethnography of Bar Behavior*"(中文暂译:《烟酒特许:酒吧行为民族志研究》,1966);还有珍妮特·斯佩克特(Janet Spector)的"*What This Awl Means*:*Feminist Archaeology at a Wahpeton Dakota Village*"(中文暂译:《这尖锥是啥意思:女性主义考古学家在北达科塔州瓦佩顿村落的故事》,1993),这趣味十足的标题,不只点明了考古学的严肃挖掘,同时也提供了引人入胜的生活故事阅读宝库。

不过,我也得提醒你,标题可不要玩过了头,否则很可能造成反效果,偏离研究的主题。如果你的主标题比较轻巧、俏皮,副标题就应该发挥互补平衡的功能,清楚而精准地说明研究主题所在。根据我的经验,标题最好不要使用佶屈聱牙的字眼,尤其是读音艰涩的地名或专有名词。我的处女作书名当中就有一个如此的字眼"*Kwakiutl*"(HFW,1967),后来另外一本书也有一个"*Bulawayo*"(HFW,1974a)。* 这些字眼本身当然传达重要的意义,不过我却也发现,这些字眼往往让读者避之不及,就怕自己发音不正确或是舌头打结。总之,很少人说得出完整的书名,甚至干脆就不提书名了。所以说,书名或文章标题最好通俗易晓,如果有些字眼让人瞠目结舌、望之却步,这样的书成为众人话题的

---

* 【译者补注】:Kwakiutl,瓜基乌图族,加拿大温哥华岛北部及英属哥伦比亚沿岸的印第安原住民族。Bulawayo,布拉瓦约,非洲辛巴威的一个城市。

可能性就微乎其微了。

若干年前,我的伙伴诺曼和我曾经帮罗恩·罗纳(Ron Rohner)的新书取了个标题"*They Love Me, They Love Me Not*"(中文暂译:《他们爱我,还是不爱?》,1975),作者对于这个书名大表赞许。不过,若没有他自己附加的副标题:"*A Worldwide Study of the Effects of Parental Acceptance and Rejection*"(中文暂译:《家长接纳与拒绝之影响后果的全球性研究》),难保这种天马行空的创意书名不会让该书魔咒罩顶,被一举打入不见天日的冷宫。再举个类似的例子,我自己写的一本探讨教育改革的个案研究,主标题叫作"*Teachers Versus Technocrats*"(中文暂译:《教师 vs. 技术官僚》)(HFW,1977),这个标题算是简单贴切了,但总还稍嫌不足,需要副标题予以补充:"*An Educational Innovation in Anthropological Perspective*"(《人类学视角下的一场教育革新》),如此才可能有效吸引预期读者群的注意。

不容否认,上述例子的副标题字数颇多,念起来有些累赘,不过确实也发挥了充分告知的功能,有效地吸引了潜在读者的注意,并且清楚提醒此书的严肃内容属性。学界同僚们"冗长"而无当的标题,常常成为我调侃的对象。不过,在这方面,我们倒也不孤单。英国文豪狄更斯的经典著作"*David Copperfield*"(《大卫·科波菲尔》),众人耳熟能详的这个书名,其实并不是这本书真正的书名,而是以书中男主角的姓名大卫·科波菲尔来代替那个冗长得不像样的完整书名:"*The Personal History, Adventures, Experiences & Observation of David Copperfield The Younger of Blunderstone Rookery (Which He never meant to be Published on any Account)*"(中文暂译:《布伦德斯顿,鲁克瑞少年大卫·科波菲尔的个人生命故事、冒险游历、经验与观察(他从未想过付诸出版)》)。

如果有一天太阳打西边出来,居然有哪家好莱坞片厂异想天开登门找我接洽,说是要将你正在看的这本书改编拍成电影(好啦,这应该是绝无可能的痴人说梦),那我就得赶紧四处去打听,看看是否有更响亮的标题(比方说:"*Romancing the Keys*",中译为《浪漫天机》,还不赖吧?),好替换掉现在这个正经八百而略嫌呆板的书名"*Writing Up Qualitative Research*"。不过,在他们还没找上门之前,我脑袋还是清醒的。知道目前这个书名,堪称简洁有力,而且也恰如其分地传达出内文探讨的主题,就学术出版市场而言,卖相中规中矩,应该是经得起市场考验的。这标题虽短小,但又不至于短到让人不知此书要谈些什么。

当然,标题如果短得太过分,就有可能弄巧成拙。我马上就想到一个例子,格雷戈里·贝特森(Gregory Bateson)那个仿如一字天书的标题:"*Naven*"(Bateson,1936)。虽然最后在名家加持之下得以验明正身,荣登"奇书怪谈经典"之列(Geertz,1988,p. 17),但是诡谲艰涩的内容,再加上莫名其妙的书名,正所谓怪上加怪。也难怪此书问世之后,一直乏人问津,有长达二十多年的时光,默默无闻地淹没在浩瀚书海里。不过,若是要比书名的古怪程度,恐怕没有多少书超越得了"*Rc Hnychnyu*"(Salinas,1978)。这样全世界没几个人念得出来的书名,真的可以十万分地绝对保证,光只看看就能让人退避三舍,所有人都给吓跑了,剩下的顶多就是寥寥可数、死忠追随的徒子徒孙。除了小圈圈自家人懂得捧场欣赏之外,还有谁能够认得这书名描述的乃是 Otomi 族人和他们的语言呢?*

资料库电脑化的趋势,也让标题或副标题的命名有了另外一种层面的考量:最好包含方便计算机检索的关键字。书籍的标题更应该注意这点。如果标题没有包含容易被计算机检索到的惯用字,当读者使用计算机搜索时,该份文件或书籍就可能未被列入检索结果,埋没在出版社的书讯当中,无从吸引读者的注意力。上述提及的新奇有趣的另类标题"*Romancing the Keys*",或中文书名《浪漫天机》,就是坏书名的绝佳例子。** 另外,请想想看,如果安妮·拉莫特没有附加副标题"*Some Instructions on Writing and Life!*"(《写作与人生启示录》),就只是"*Bird by Bird*"这样的书名(《逐鸟解题》),在数字化的书目资料库里,又该如何被编纂检索呢?

---

* 【译者补述】:Otomi,奥托米族,墨西哥中部高地的印地安民族。Rc Hnychnyu 是指奥托米族人与其使用的语言。"Rc Hnychnyu"的中译书名该怎么个译法,才能传达得出原书名念都念不出口的莫测高深啊?

** 【译者补述】:想象,如果用计算机搜寻"质性研究写作"相关的出版物,这两个书名几乎肯定会被忽略,而无法出现在搜寻结果之中。

前辅文

“前辅文”(front matter),顾名思义,当然就是置放在每本书的最前头几页。除目录外,其余的前辅文合起来,差不多就等于一份执行摘要(executive summary)。就传统惯例来看,这些前辅文通常是一个萝卜一个坑,依照既定顺序逐一编排装订。不过,我倒不认为非得要沿袭惯例,照着传统的顺序逐一编排它们。以下介绍的这些前辅文,也可以考虑摆在书本正文之后,或是干脆省略不用。总之,你得设身处地为读者着想,他们最迫切想看的是你的研究到底谈了哪些内容,而不是看你搬一堆无关紧要的东西来扰乱他们!

以下要介绍的前辅文包括:(1)献辞;(2)前言;(3)导论;(4)序言;(5)目录。

(1)献辞

说到“献辞”(Dedication),学术圈人写书出书,几乎不能免俗地都会在书本开头之处,提上这么一段附庸风雅的献辞:“谨以此书献给我最……”。这种做法固然可能是作者发诸内心的一番美意,但往往流于滥用,甚至轻薄短小或差强人意的作品也照样提上献辞,说是要献给自己最……的对象。我的建议是,在“致谢辞”中感谢所有帮助与支持你的人,这样就足够了(包括你的家人,在你献身写作的过程中,多半对他们长期疏于关照),而不需要另外写献辞来表达你的感谢之情。我认为,献辞应该保留给我们最好的作品和最特殊的人。太多的人在我心目当中,有着非常特殊的感情或意义,因此我至今都还没有等到自认为够好的著作,可以让我献辞给他们中任何一位。这诱惑一直都在,但我还是打算再等久一点。当然,决定权还是归你所有,如果你坚持要写,我劝你尽可能把献辞写得简单一些。

(2)前言

“前言”(Preface),就如所有先导性的陈述一样,前言有一个很重要的功能,就是要在正文前面铺陈本书的目的与范围。前言提供给作者一个机会,邀请读者走进来仔细瞧瞧书中的乾坤。就出版社的角度来看,这也是将此书推销给潜在读者的机会。当初为了赢得出版社的青睐,你递交了一份正式的出版计划书,说明该书的重要意义与美好的出版远景。类似的,你可以把前言想作"第二波"的计划书,诉求的目标则是吸引范围更广的读者群,让他们有兴趣阅读、购买你写给他们的这本书。

不过,对许多作者而言,当写作前言的时间(终于!)来到时,却可能会让人感到有些奇怪。前言通常是最后才写的,可是却往往被置于一本书最前面的位置。读者一上来,都还没读过书中要讲的东西,作者就迎面奉上自我揭露的个人经历或感想,这样的安排似乎不是很理想的迎宾之道。就作者而言,你也许想要与读者来个亲密接触,让他们在阅读你的作品时,同时也能够感受你的为人。不过,如果这是你的目的,我奉劝你还是把这些东西移到正文后。等到读者对你的研究有了较多的了解,想要对你有进一步的认识时,再顺势推出你的个人反思或自白,甚至你的致谢辞。这样的次序安排,应该更贴近读者的阅读情绪。还有,你不妨考虑干脆不要写前言,而在全书的结尾写篇跋文(Epilogue),或是后记(Afterword)。也有人在最后附上个人省思/感言,或以一段"尾声"(A Final Note)作为后记。

如果你确定要自己写前言,请务必记住,你要介绍的应该是该本书或专著,而不是你个人。如果你在导论(请参阅下个项目的说明)中已经介绍过了,那你就应该慎重考虑是否真有必要额外再写一篇(充其量只是篇幅短些)。出版一本书忙到这个阶段已经够累人了,实在没必要给自己再增添一桩没意义的事情。每个人多少会有自己欣赏的作者,找几本他们的作品,看看那些书里头是否有前言。如果有的话,再看看那些前言写的内容,是否对于整本书真有实质的增色。

(3)导论

有些出版物在正文之前,还会插入一篇"导论"(Introduction)。这种做法在学术圈颇为流行,许多学者在写书时,总是不能免俗地来上这么一段“学术界的清喉咙戏码”(academic throat clearing)。就我个人的看法,这样一篇导论实在没必要,因为除了篇幅较长,看起来比较正式之外,不过是挂羊头卖狗肉的前言。第一章的第一页是读者与作者碰面开始交谈的地方,不应该有任何其他东西插进来,徒增妨碍。当然,作者可以把第一章的标题就称为“导论”,或者也可以把第一章当作导论来写。但是,不论采用哪种做法,作者都应该直接切入本书的主旨。至于后来有感而发所写的东西,就该摆到书的后面,而不应该放到前面,使读者无法直接切入本书的重点,或是搞不清楚作者的意图。如果对导论还需要额外的解释,那么或许该考虑改写导论本身!

(4)序言

“序言”(Foreword)一般是你(或你的出版社)想要找人写个代序引介,算是帮你做“清喉咙”的工作。邀人写序有不少明显的好处,获邀写序者感到面子有光,多半因此美言赞许你的作品,或是从第三者的客观立场来印证你的研究的重要性。不过,事先你没法确保别人能充分介绍你与你的作品。邀请人代为写序,多少会带点无法预料的风险。

为了让作品尽早问世与读者见面,我通常建议干脆不要有导论与序言。但是,例外还是有的。一般而言,系列丛书的编辑很可能会想要写些东西,来引介该丛书的个别书刊。所以,序言[或像是本书第一版使用的标题“编者导言(Editor's Introduction)”]乃是由出版社安排,而不是作者提出邀请。而且,大概没人会讨厌别人帮忙美言几句称许我们和我们的著作,或用更理想的方式解释文章当中不太清楚的地方。

在我早些年的一本著作中(HFW,1974a),我同时收录了序言与导论,分别邀请两位前辈帮忙执笔。由于研究的主题是关于非洲城市的饮酒现象,我觉得若能邀请某位研究饮酒行为的专家学者帮忙写个引介,对于这本著作和我个人都是相得益彰的美事。我也非常感谢人类学者休·阿什顿(Hugh Ashton),当时他兼任行政职务,多亏他大力帮忙,我的研究才得以顺利完成。很庆幸,应邀写序的这两位仁兄,都很乐意帮忙。后来还有几次,我是希望通过其他人的说法,来补充印证我自己在书中的论点,这也正是代序应该发挥的功能。在决定是否请人写序之前，最好先仔细考虑是否真的有此必要，是否会给读者带来多余的干扰。

(5)目录

我极力推崇尽早草拟"目录"(Table of Contents)，这不仅有益于后来资料的组织，也有利于对田野研究工作的组织。在处理整本书籍的最后阶段，需要仔细检查目录的章节标题与小标题，斟酌标题名称是否恰当，相似范畴的使用，以及叙述部分的开展顺序。评估目录是否恰当有效时，我建议把所有的章节标题与小标题摆开来，逐一检视标题是否合适，然后再从各个标题之间的相对关系，来检视各个标题的命名与排列顺序是否合宜。看看这些标题和相对顺序，是否提供了一个适当的章法结构与条理顺序，以便顺理成章依序开展陈述。短篇著作，如文章、合辑当中的篇章、期刊的研究纪要(research notes)或短讯(brief communications)中的标题与段落小标题构成隐性的目录，同样不容轻视。

待到拟定正式目录，还需要决定目录的细致程度。拟定目录没有普遍通用的公式可兹依循，不过，在尽可能详尽与尽可能精简的权衡取舍之间，结果相当明显。如果在文本中，你没有提供摘要或是导读之类的材料，那么目录就成为仅有的用来综观你报告的导览。当然，还有极少数的例外情形，出版社或书店可能会在书籍的封底(back cover)或是护封(book jacket)提供该书的介绍摘述信息。

一般而言，目录应该越简单明了越好。以单一页面呈现的目录，其功能就在于提供全书的大纲，及方便读者翻阅的指南。这种简单扼要的目录，只列出各章的标题，看起来固然一目了然(只一眼就看到底了嘛)，但是却难以传达出全书的深度和广度，这个问题在采取传统的章次标题与顺序，亦即"I-H-M-R-D"的组织格式(导论\Introduction—假设\Hypotheses—方法\Method—结果\Results—讨论\Discussion)时尤为明显。不一定要遵守传统，采用如此死板又空洞无物的标题，你可以自由决定各章的标题，自己创作一目了然而又饶富趣味的标题，让读者一看就大致明白各章主题，而且也有兴趣一探究竟。如果你没有编列索引(几乎所有的学位论文都没有索引,大多数的质性/叙述性研究也没有),目录就提供了唯一的指南,可供读者找寻该项研究当中某些题材的位置。这种情况下,就更有必要提供详细的目录。

该采用精简纲要的目录,还是详尽细目的目录?实际上,你很可能并不需要自行选择,因为这往往取决于出版社偏好的习惯做法。不过如果你有权自行选择,那么你的研究目的与设定的读者群,将会影响目录的详细程度。原则上,"越详细"可能会越好。这意味着你必须牺牲简洁、利落的美感,以能完整周全地传达你的研究内涵。对于学位论文与未出版的报告,详尽的目录不只是合宜的做法,而且是必不可少的。避免过犹不及的一个折中做法就是,以一页的篇幅为限,尽量扩展各章标题,尽可能翔实地提供各节次的概述。

随手查阅若干书本之后,我发现,专著或篇幅较短的单一作者著作通常会采用单一页面的目录。至于教科书与合辑著作的目录,则往往有若干页,详尽地列出各章节的细目内容,以便读者更清楚地认识全书的内容组织。如果事实证明写作与编辑是你的天分或天职(métier)所在,而且有朝一日你自己成为大部头巨著的作者或主编时,你不妨考虑拉斯·伯纳德(Russ Bernard)在他主编的《社会研究方法通典:质性与量化研究法》(*Social Research Methods*: *Qualitative and Quantitative Approaches*,Bernard,2000)之中,所采用的两全其美的做法。首先,他提供给读者一份"简明目录"(总共2页),接着再列出一份"详细目录"(总共11页),详细列出各章内部的细目标题与小标题。

前辅文:更多的可能内容

其他的前辅文包括:(1)致谢辞;(2)作者简介/本书简介;(3)摘要或大纲提要;(4)导读;(5)关键词;(6)海报展示;(7)学位论文摘要。

(1)致谢辞

说到"致谢辞"(Acknowledgments),在我1974年出版的"*The*

African Beer Gardens of Bulawayo”(《布拉瓦约的非洲啤酒花园》)一书中,我没有想太多就直接依循惯例把致谢辞放在前面。当时我压根儿没想过,其实没有必要随大流。如今,既然已经知道可以有不同的安排方式,我通常会把致谢辞置于书本正文之后的版面(而且我偏好英式拼写“Acknowledgements”,而不爱用美式拼写“Acknowledgments”)。

在著作当中如何得体地感谢他人,实在是一门不小的学问。在这方面,少不了要谈谈恩师乔治·斯平德勒(George Spindler)教授给我上过的一堂启蒙课。话说当年我刚取得博士学位,也顺利获得俄勒冈大学的教职聘约,于是在自宅办了一场小小的庆功宴,斯平德勒老师和师母也在受邀之列。当晚,我迫不及待地拿出一篇受邀而写的论文初稿求教老师,标题暂定“附带学习”(Concomitant Learning)。隔天,老师起了个大早,令我失望的是,他并不是在看我的稿子,而是在翻阅他自己写的文章(我的书房里收藏了他的大部分作品)。他说,我的稿子他已经看过了,也觉得很有意思,但是他对于我处理这篇文章的做法有些意见。他的意思是说,我这篇文章的题目以及附带学习的理念,是从他那儿获得的想法或灵感,而我却只字未提。他一大早起来,就是在找寻自己发表过的文章,看看是否能找到我应该引述的段落。我向他解释:“但是,你从来没有在任何著述当中把这个想法写出来。”我一再向他保证,该找的我都找过了,他慢慢也就明白了事情的原委。“我是从你那儿学到这个想法,但你只在研讨课上提过。没有任何正式发表或出版的著作可以让我引用。”

就技术层面而言(算我运气还不错),我这番自我开罪之词,倒也还算站得住脚,老师的查询结果也证明我说的没错。不过,这事还没就此了结。释怀之余,老师也适时教育道:“不管我们是从哪儿取得别人的想法,永远要记得答谢给你想法或灵感的对象,这只是举手之劳,而且也是学者应有的礼貌风度。”自此以后,我不曾因为对方没有把想法正式发表或出版,而遗漏感谢他们给我的灵感与启发。[1] 如果别的作者也抱持这样的学者风度来对待我,我也同样会觉得“感激”!

就像许多前辅文的内容一样,致谢辞虽然常被放在正文之前,但其实也不妨排在正文之后。放在后面,不易分散读者的注意力,而且读者在读过正文之后,也更易体会所谢为何。在许多学术期刊,有一种广泛采用的致谢方式，就是在第一条（没有编号的）尾注中，列出该篇论文研究致谢的对象（例如，灵感启迪的来源、初稿的审查评论人士，甚至是特别有助益的不记名审稿人士），以及额外的致谢对象，或是注明版权转用许可，然后才开始逐一列出从头编号的其他注释。

请注意，我并不反对致谢的做法（practice），我反对的是传统上摆放致谢辞的位置（place）。* 现在，我总是尽可能详尽地列出致谢的名单，前提是不会因此而暴露了必须保密者的身份。关于致谢名单的拟定方式，我则是取法于小说家詹姆斯·米切纳（James Michener）：把每个阶段提供协助的个人与组织列成一份清单，依照清单顺序逐一答谢他们的贡献。我的应用方式就是，从研究项目或写作计划一开始，就随时记录并更新清单，以确保列入各个阶段对我有重要帮助的所有个人与组织，而不是等到快要完稿，才开始拼凑感谢的对象，这样往往就会只列入协助完成最后定稿的那些人。在《教师 vs. 技术官僚》一书中，我就足足写了七个段落，来感谢所有协助我研究与写作的个人与组织。截至目前，我不曾记得有任何人抱怨说那些段落写得太多余了。

（2）作者简介／本书简介

你有没有想过，究竟是谁来负责撰写文章的"作者简介"（About the Author），还有印在书籍封底或护封那短短几行美化包装作者的广告辞令？十之八九，这份任务会落在作者本人身上。如果你被要求写一份"作者简历"，你应该慨然接受，把它当成争取读者的另一个机会，同时也可借此宣称你确实有资格从事你所撰写的该类研究。你的自我介绍应该是和该项研究有所关联的个人经验与专业资历，而不是去分享园艺或古典音乐的生活情趣。对于个人经历与过去成就的介绍，陈述要具体，而且要切中该份著作的题旨。关于作者简介的写法，我比较欣赏的是依照年份顺序与标题，逐条列出作者先前发表的相关主题的

---

* 【译者补述】：在这儿，作者选用的这两个英文关键字，"practice"与"place"，两者有着相同的头韵"p"与尾韵"ce"，这种做法当然又是作者用字遣词的一种风格表现，中文翻译力有未殆，不足以传达个中况味，只能于此补注说明。

著作，而比较不喜欢的写法则是宣称作者已经出版过“若干本书籍和许多横跨众多主题的论文”。

除了上述的“作者简介”之外，有些出版物还会附上所谓的“本书简介”(About the Book)。“本书简介”的用意并不是要充当导读指南，而是要说明该书写作的缘起与发展过程，以及该书在其作者学术生涯所占的位置。如果把“本书简介”当成主要内容的摘要，那或许就该视为序言而放在正文的前面(前辅文)。我比较偏好把这些篇幅不长的作者简介/本书简介，与其他后辅文一并摆到正文后面，读者如果有兴趣，也很容易找出来阅读。我之所以认为这些信息最好摆到正文后面，理由是:应该先让读者读过正文的内容，心中有所评价之后，再让他们自行决定是否想要进一步认识该书的作者，或是该项研究在该作者学术生涯的角色，或是研究过程当中提供协助的人士。撰写作者简介/本书简介时也应该注意，重点是要呈现作者在该书论述了哪些重要主题，而不是循规蹈矩地列出作者的学术经历。不过，如果你觉得——或是出版社基于行销目的而坚持——作者的学术经历可以发挥介绍的重要功能，那你就应该照办(就像我在本书中“关于作者与本书”所做的一样)。在学位论文当中，则是列出学位候选人的简历。如果作者有更多的东西想说，大可保留到正文，选择合适的章节，好好把想说的内容细说分明。

(3)摘要或大纲提要

现在，读者应该很清楚，除了目录之外，我并不热衷于把通常的辅文(包括:献辞、序言、导论、致谢辞)，摆放在正文之前的位置。不过，我倒是觉得有一种颇适合放在正文前面——执行摘要，只可惜，它出现的频率反而是太少了。执行摘要可以有效引导潜在读者，让他们清楚文章中要呈现哪些议题，甚至可以指点“忙碌的”读者(亦即充其量只会匆促翻阅略读而过的读者)该如何阅读要点。

一般而言，最普遍的做法就是使用“摘要”(Abstract，或“大纲提要”，Précis)。专业期刊都会要求投稿的作者提供摘要，而且不得超过规定的字数上限。出版社有时候也会要求作者提供全书的摘要，不过出版社通常会自己来写摘要,并且将其当成重要的营销手段。这或许可以解释,为什么近年出版的书籍护封上的简介文字,往往是对作者与作品的大肆宣传,而不像专业期刊的作者简介与作品摘要那么客观。毕竟,即使有人一再敲边鼓,大部分的学者也不太拉得下脸来自卖自夸,说自己的书多么的好。不过话说回来,我们倒是不会介意别人出面美言几句。

(4)导读

对读者而言,摘要确实能够发挥相当大的辅助功能,同时可以间接让作者受惠。任何有助于增进文章可读性的做法,我们都应该鼓励。提供“导读”(Guide to the Reader)对学术性的专论是一个不错的策略。专论往往巨细靡遗、面面俱到,如果没有导读指引,读者很有可能忽略重点所在。如果读者导读是真正的“导”读,而不是冒名导读的摘要,就有助于读者在文章里找到特定的主题。

我能想起的采用导读的最佳范例,是瓦克斯夫妇(Murray and Rosalie Wax),以及小罗伯特·杜蒙(Robert Dumont, Jr.)的质性研究作品,《一个美国印地安人社区的正规教育》(*Formal Education in on American Indian Community*),这本书 1964 年首度发行,1989 年重新发行。整本研究报告只有 126 页(包括 11 页的附录),整本报告简洁扼要,堪称田野研究的范本。尤其值得一提的是,作者用心采用各种贴心的做法,有效引导实务工作者顺序进入书中议题与相关细节。虽然篇幅如此精简,作者仍然提供了三段“导读”(在印刷成书的版本当中,仍然维持双倍行高的排版!),一开头就引起读者的注意,使其清楚作者所要传达的主旨,避免了因为匆促阅读而没能自行多加思索,忽略了个中要意。以下登出这篇导读的第一段,如图 6.1 所示,供读者参考。

请注意,在最后一个句子,针对“质疑或批判者”提出特别的阅读建议。之所以这样慎重其事,乃是因为该书的两位资深作者(社会学家默里·瓦克斯、人类学家罗莎莉·瓦克斯)正视到,当时他们使用的质性研究方法尚未获得正式认可,因此,重视研究方法论的读者可能会非常重视这方面的讨论;至于繁忙的实务工作者,可能就不太想看这个。所以,这就成了叙述性研究当中罕见使用执行摘要(executive summary)的特殊例子。虽然在报告写作当中,类似的写法经常出现,但是在质性研究当中特别使用"执行摘要"或"导读",这样的想法似乎尚未获得普遍的接受。

导 读

如果,你是日理万机的大忙人,只能在危机处理、会议赶场、办公室奔波之间,勉强挤出有限时间,简略翻阅论文报告,我的建议是你可以直接翻到"摘要与建议",这一章就是特别为你这样的大忙人而写的。如果,你想看看印地安人保留区现况,而没有兴趣理解此项研究的前提背景,我会建议你翻到第二章:"生态、经济与教育成就"。如果,你对于本研究有所质疑或批判,那么在开始进入阅读正文之前,你可能需要先阅读第一章(本研究的观点与目标),再看看附录(研究程序)。

图 6.1　执行摘要范例——导读

原始资料来源:Wax,Wax,and Dumont(1964:v;括弧内的标题,乃本书笔者附加补充)。

(5)关键词

投稿专业期刊时,你会被要求提供若干关键词(Key Words)。担任期刊编辑多年,有一件事情总是让我深感不解——人们对于投稿必须提供索引词的要求总是漫不经心,甚至敷衍了事。学术期刊的标准做法是在每篇文章的开头列出若干关键词或索引字词,然后在年终汇集该期刊全年所有论文的关键字词,编纂成为年度索引。写作的人很少能够将心比心站在读者的立场,用心选择关键词,好让读者在检索时顺利找到想要而且有用的相关资料。以《人类学与教育季刊》(*Anthropology and Education*)为例,如果一篇论文以"人类学与教育"作为关键字,对于检索搜寻该论文不会有太大的帮助。你所选择的关键字词应该有效传达你的研究问题或研究场域,而不是你的田野研究技术。不妨设想,如果使用"参与观察"作为索引词,能检索多少有用的信息呢?

(6)执行摘要的一种应用做法：海报展示

在专业研讨会议中，也有一种类似前述"执行摘要"的应用做法，那就是"海报展示"(Poster Sessions)。近来，"海报展示"已经逐渐成为一种发表研究成果的替代方式。尤其是大规模的研讨会，由于必须提供场地以容纳大量的人，因此，研讨会的筹办单位特别热衷于海报展示的做法。当然，也有些研究人员一想到要出席研讨会正式发表论文就吓坏了。对他们而言，海报展示的做法，就不那么让人惶恐不安。参加海报展示，研究人员必须准备一份视觉展示作品，呈现的资料包括：打印出的文本、地图、图解、照片、文物、摘要、研究方法与程序、研究结果与发现。一般而言，在海报展示时，研究者会站在一旁，如果参观人士有兴趣，就可以进一步沟通互动。

质性研究人员应该把应邀参与海报展示视为练习的好机会。参加过海报展示的人或许会进一步思考，类似的内容应该如何成为文字报告的有用补充材料。通常新进的研究人员参与海报展示的机会比较大，如果你有幸获得在研讨会正式发表论文的机会，就应该好好去探索如何简洁有力地传达你的研究精髓。你不可能把整篇论文的内容全部复印成海报；如果你需要提供较详细的解释，就应该另外准备补充资料，打印成传单，发给有兴趣索阅的参观者。你可以利用海报容许的空间，提供视觉的概括摘要，就好像报纸标题的作用是要吸引我们进一步了解新闻细节。请记住，务必列出你的姓名与联络地址(除非你打算在学术界隐姓埋名，那就另当别论)，同时还要记得突显你的研究主旨。当然，光看你的姓名，还不太可能让人马上联想到你的研究。不过，这也正是你参加海报展示的原因，不是吗？

(7)博士学位论文摘要

距离答辩只剩下几个星期，研究生们需要一边准备论文答辩，一边焦头烂额地如期完成研究所批准的论文最终定稿。在这兵荒马乱的节骨眼，突如其来就接到了一项相当讨人厌的通知，说是必须提交一份论文摘要的定稿给《博士论文摘要》(*Dissertation Abstracts*)资料库。目前,论文摘要的提交都是通过网络来完成,而且几乎所有高等教育机构都会列入必要的毕业程序。在过去,《博士论文摘要》资料库搜集的成果会装订成册,发行到美国各地与世界各国,这是大部分学位论文得以流通的唯一途径。摘要虽然只有短短数行,但重要性却不容轻忽。只不过,绝大多数的博士论文写作者却往往拖到最后关头才敷衍了事,匆匆交出一份论文摘述。这样的情形相当令人遗憾,却又屡见不鲜。摘要是很重要的,慎重行事才有可能完成一份简洁扼要的摘要。

在历经数月或数年埋首博士论文的研究与撰写,身心筋疲力竭之余,还得勉强写出符合严格字数限制的期刊摘要,或是博士论文摘要,这完全可能成为压倒你的最后一根稻草。幸运的是,这最后一根稻草,也是一盏信号灯,欢天喜地宣告你这场漫漫无期的旅程终于要航向圆满的终点。如同别的每一项写作,你应该投入时间与心力妥善准备论文摘要:修稿润饰,编辑校阅,征询别人的试读反应,请人朗诵给你听。摘要提供了宝贵的机会,让你得以知会更广大的读者群,抓住潜在读者,并且建立或扩展你的专业互动网络。别人是否有兴趣查看你的整本论文,很可能取决于他们对你这份极短篇作文的评价,以及对你的摘要书写风格的评价。再次提醒,这份摘要的写作重点是研究的问题与内容,而不是田野研究运用的技术。

校样编辑与其他重要的文书事宜

在着手处理稿子的正文之前,我们应该先认真检视校样编辑的角色。她们是你必须接触的人物。这么说吧,你有可能从来没和她们见过面,以后可能也不会再跟她们有任何接触,但是,在你的稿子进展过程当中,至少会有若干环节,她(因为我遇到的校样编辑全部是女性,所以我在这儿就用代名词“她”)握有近乎生杀大权的影响力。她会告诉你,哪些词句不符合文法或惯用语法;她会指出你遗漏的或是没有引述的参考文献;她会揪出句子语焉不详或不通顺的地方;她甚至可能会质疑你是否把该写的资料逐项条理分明地整理好。虽然以她一人之力不能让你的出版计划整个停滞不前,但是她很有可能会是你必须小心克服的最后一道障碍。

如果你运气非常好，你的校样编辑会是梦寐以求的好帮手；运气不好的话，在那段时间里，她可能变成你最恐惧的噩梦批评家。幸运的话，她有可能对你的作品赞赏有加，夸奖你的文笔，或是崇拜你处理概念的功力；不幸的话，你可能必须反复向她解释，说明你所写的每一字、每一句。如果你实在无法和指派给你的校样编辑共事，你也许可以请出版社另外安排人选。通常情况下这样的机会不大，也就是说，你多半得自己想办法和这位编辑熬下去。她的自我感觉多半会是："我是在为所有人的利益着想。"但是，你却很可能满腹苦水："我的利益总是被挤到后头。"你唯一的希望就是她尽快消失不见。不管怎样，你当然不希望自己写的稿子错误连篇，如果她确实善尽职责，就能优化你的文章，剔除错误、挑出文法问题，减少你出丑的可能性。初出茅庐的作者可能感到诧异，怎么会有校样编辑这么一号人物的出现，而且还占有相当权威的地位。尤其是如果从开始和出版社打交道到现在，和你建立了联系的那位征稿编辑和蔼可亲，你会以为她会一路呵护着你的稿子，直到书籍圆满出版。

校样编辑会协助你，但是她们毕竟受雇于出版社，而且她们认为有助于改善原稿的修改往往不会告诉你就直接改动。以往，编辑作业是在复印的纸本上进行，修改的地方比较容易看出来。现在，大部分的编辑都是在计算机上作业，你可以请编辑把更动的部分加上色彩，再把经过审稿的碟片寄送给你，以作最后的确认。

当你的研究报告全部整理就绪，而且校样编辑也满意了，还有最后一些事情必须处理，比如脚注。虽然和其他一些事项一样，脚注的编排方式也很有可能早就有相关人等代为决定了，但还是有一些事情是你可以自行斟酌的，比方说，标题与小标题的命名、文章段落的分法，以及各种图表的运用等。细心关注这些事项，可以相当程度地增进文章的可读性。

我在本书的各种见解都是关于文字报告的书写，而没有触及其他非文字型态的报告，譬如：民族志诗学（ethnopoetics）或是民族志剧场（ethnotheatre）之类的表演文本。诸如此类的"表演文本"（performance texts），就是借由叙事者、剧情、演出，以及观点的转换，将原本以文字为主的报告“改编成诗、剧本、短篇故事、戏剧，在观众面前朗读或表演”（Denzin，1997，p91）。坦白说，我太老、太传统，在学术圈打滚了一辈子，差不多已献身给文字型态的报告书写，实在很难对这些非文字的另类报告有重大的贡献。[2] 请谨记在心，不论如何，你总会遇上许多像我这样传统老派的人物，因此，我诚心奉劝，如果想要尝试新潮或前卫的手法，最好还是老老实实先做好文字版本的研究报告，把想要传达的讯息准确传达，然后再去探索那些推陈出新的另类手法。再者，诚如阿曼达·科菲（Amanda Coffey）的提醒，投入实践这些另类文本的做法，势必会让作者承受更多不同形式的批判检视，不只要做好社会研究人员的本分，还必须有模有样，达到诗人、剧作家或创意作家应有的水平（Coffey，1999，p. 152）。总之，另类创新的做法不一定需要，纯文字的传统做法，也可以通过补充与强化而达到吸引更广大读者的目的。

以下讨论的几个重要文书编辑项目，作者认真重视可增进可读性与吸引力：（1）标题、小标题、段落；（2）脚注与尾注；（3）图表、插图、表格；（4）质性研究中使用统计；（5）艺术作品与摄影（包括封面设计）。

（1）标题、小标题、段落

除非你写得一手天衣无缝的好文章，否则最后还是得再仔细检视一遍，看看所使用的“标题”（Headings）、“小标题”（Subheadings）、“段落”（Paragraphs）的长度是否恰到好处。短的句子与段落读起来比较舒服，但是学术界的文章往往爱用长句子和长段落。就算你实在找不出什么依据把较长的段落分成两段或三段，也最好还是分一下，好让读者读的时候喘口气。分段的方式没有严格规定，一般而言，在书籍的单张页面内，至少要分成两段或三段。

插入更多的标题与小标题，是为了让文章读起来更顺畅。如果文章读起来有若干要点不够突显，不能吸引读者的注意；或是突然由某个主题毫无预警地直接跳到另外一个主题，这时插入标题或小标题有助于提醒读者注意这些转折。我之所以介绍这几项写作的小技巧，是怕你虽然已经努力编排，却还是没能把文章段落拆散得恰到好处。有时你必须强行予以分段，以使文字段落达到舒缓有致的平衡美感。

(2)脚注与尾注

内文中的注释,通常被视为正文的一部分,而不算是辅文。不过,有些出版社、某些学术传统,以及大部分的学术期刊,则偏好把注释集中在文末或书末,也就是所谓的“尾注”(Endnotes)。就像本书,注释的位置是集中在每一章的正文之后,有些则是把一整本书各章的注释集中放在该书正文之后。对注释摆放的位置你可能无法选择,不过你绝对可以控制注释的数量与品质。

要化解注释与正文分隔两处的窘境,就是干脆不要写注释。你全部的参考资料,包括你自己的田野笔记或访谈记录,正式参照引述的资料来源,还有摘取自他人的想法,甚至你自己的“编辑见解笔记”,这些都可以放进括弧内作补充说明。不过这样一来,可能会使得有些句子变得冗长又笨拙,而且你在文书编辑与排版时可能还会发现,某些注释不仅没有增进文章的品质,反而带来不必要的干扰,删掉还好些。甚至不保留任何注释,好像也没有什么损失。

如果没办法抛弃注释,那就尽可能把数量减到最少,而且尽量和所要注解的文字摆近些。这些关于文书格式编排的问题,若不是取决于期刊的出版惯例,就是基于时间与金钱的考量。以往编排脚注费时费力,制作成本比较高,要把脚注和所注解的正文排在同一页,有相当的难度,因为打字的行数必须移动(名副其实,就是用手排版移动)才能把完整的脚注和正文排在同一页。现在的排版技术已经解决了这个问题,只不过积习难改,期刊与出版社并没有更多地使用脚注,可见期刊与出版社墨守成规的毛病一点也不亚于学术界。学术期刊的文章通常不会太长,所以把注解的文字集中排印在文末,还不至于给读者造成太大的困扰。至于篇幅较长的作品,我个人的感觉是,读正文遇到注解时,还得停下来去找印在文末的注释,确实很麻烦。如果整本书籍或刊物的全部注解都放在书末,翻来翻去找寻对照,那就更折磨人了。

只有在历史学与传记学等领域,因为要大量参照其他来源的引述材料,我才稍微认可把注解与正文分开编排的做法。但是,即使是历史学与传记学,如此写作也往往变成一种吊诡的情形,他们自己的论述老是不停地被打断，插进引述材料的注解，有时注解还可能着墨过多，结果喧宾夺主，补充注解的辅助资料反而成了独立于主研究之外的另一个研究。虽然脚注的写法在许多领域行之有年，然而对于田野取向的研究者而言，大量的脚注却不是理想的做法，因为田野研究的主要资料才应该是报告关注的焦点。其他领域的学者或许会嘲笑我们“编造我们的资料”（making up our data），但那就应该是我们的优势，毕竟我们总是身体力行参与其中，一切的资料都是第一手而且真实不虚的。

我在写初稿时完全不使用脚注，而是在字句间将补充说明的文字置于括号内。有些时候，一整个段落都置于括号内作为补充说明，到修稿时我会重新检视那些括号里的文字，看看是否能够直接融入文本。剩下来的就是一些补充说明、解释，不太切题或旁枝末节的部分，则再加检视，以决定是否要保留并改写成脚注。我早些年的习惯是完全避免注脚（本书英文第 1 版就没有任何脚注）。不过，养成如此习惯，多半是因为以前用打字机插入脚注，在技术上简直是人人避之唯恐不及的梦魇，现在已没有这个问题了。

脚注的好处是，注释的文字与被注释的文本都位于同一页，因此读者可以逐页顺着文章阅读，不会因为要翻页查看尾注而打乱了阅读的步调。有些作者运用脚注相当得宜，少数作者的脚注甚至可以让读者如获至宝。不过在我来看，脚注的使用大半反映个人学术写作的习惯，感情偏好的成分颇浓。就像我们以前选择使用下划线或是引号来突显“有趣的”字眼，而现在因为有了计算机，斜体字和粗体字的做法易如反掌。使用这些方式来突显有趣的字眼固然很方便，却也很容易过度使用，反而失去原本想要突显的效果。同样的道理，脚注也可能因为过度使用而失去其效果。再者，脚注本身也可能像某些学者叠床架屋的多重括号写法，打断读者的阅读体验。

如果作者想要避免脚注的写法，同时又希望提供方便读者参阅的书目信息与评论说明，其实还有另外一种做法可供选用，那就是不使用正文加尾注的做法，而是在文中标注引述来源，然后统一在最后一节提供关于引述资料的额外说明。简短重复引述的字句，应该就足以让读者清楚所指的是哪一份参考资料。[3]

(3)图表、插图、表格

在你还没有投入写稿之前，可能不会注意到"表格"(Table)、"图表"(Charts)、"插图"(Diagram)、"图片"(Figure)、"地图"(Map)等，都有各自特殊的格式规范，统计资料的呈现方式也有必须遵循的惯例做法。这些资料呈现的细节，出版社(还有研究所，如果你目前正在写硕士、博士论文)盯得特别紧。如果你的稿子有附带图片或是其他的艺术作品，那么出版社肯定会通知你，请你提供可以径自送交印刷照相制版的底稿(camera ready)。至于怎样才算是照相制版的底稿，则要看个别印刷厂的技术规格，以及出版社的规格品质要求。总之，每次的情况可能都不同，因此根本之道就是要因时制宜，直接确定对方要求的是怎样规格的底稿，还有谁来负责印制这些底稿。

写稿时，虽然你还没决定要投到哪份期刊或出版社，但你应该预先想好日后可能会遇到的大部分规定的应对。图表材料在绘制之初，相关细节就应该准备就绪，格式规范就是其中必须注意的。一开始就把应该注意的相关细节逐项敲定，可省去日后不少麻烦，届时你就可以专心应付新的问题，而不用再回过头去重做或重新检查那些琐碎的细节。

关于图表附带的说明文字，有若干重要事项必须注意。先前我们已经讨论过，表格与图片必须附上充分的信息，使读者只需看表格、图片与其附带的说明文字，就清楚作者所要表达的意思，而不需要再参考正文的文字叙述。对于每一份表格、图表或插图而言，最重要的是必须选择清楚、正确而且恰当的标题。表格也可以加脚注，以提供更完整的解释说明，比方说，为什么个别项目的百分率总和不等于100%，或是为什么各分项的人次参差不齐。

(4)质性研究中使用统计

我有点惊讶，近年来，简单描述统计的使用似乎日趋减少，至少在社会文化人类学的期刊，这种情况非常明显(Chibnik, 1999)。在任何特定的研究当中，是否要使用统计，当然得依据其研究焦点与目的而定。需要计算或测量的内容，就应该提供计算与测量信息，并且在适宜的地方提出统计摘要报告。

我不建议纯粹只为了表面功夫“搞个一两张表格”，以为如此一来，研究看起来就会比较扎实。虽然有些时候恰到好处地放上一张表格，确实可以把一大堆繁复的资料概括得精简扼要。有些比较偏向量化研究的读者，他们看到有表格，心里会感觉舒坦些。如果你偏好一气呵成的行文格局，不希望中间夹杂表格打断文气，不妨将相关资料摘要做成表格，当成补充资料，置于文末的附录（相关做法详情，请参阅下面有关“附录”的讨论）。

（5）艺术作品与摄影（包括封面设计）

文章或书籍出版物的外观呈现，在许多环节上必须考量美感与实用等因素（诸如：费用与可行性、版权转用许可等），其中有若干问题有待斟酌决定，比如是否或如何使用摄影或其他艺术作品，以及若干文书排版的问题，如字体、字号，是否使用特殊符号，每章开头的首字是否大写。

如果你的作品是在期刊发表，或是属于系列丛书，那么大部分的事宜该如何处理早都已经决定好了。就出版一本书来讲，如果出版社善解人意特地来向你征询意见，那么你身为作者，确实应当斟酌考量某些事宜。我的经验是，随着排版印刷的时间日益拉近，关于文章或书中的艺术作品，尤其是封面设计，其实有相当多的细节需要考虑，不过这当中许多事情很可能一直被拖到最后关头，才匆促做出决定。而你这个作者唯一能够做的，就是去否决掉那些看起来会危及整体出版品质的一些做法。

对于这些事项，作者经常任由出版社随便处理，仿佛封面设计或颜色之类的事情都事不关己。就我所知，很少有学术界的作者真的满意他们书籍的封面：有些人则是很无奈，出版社选的封面实在让人不敢苟同。或许你没有最后的决定权，但是让出版社知道你对于封面的个人偏好，应该是无伤大雅的。

你希望封面是印象派绘画、机械化图案、抽象艺术或是静物写真的图片？你希望封面能反映本书内容的神髓，还是只想看起来美观、赏心悦目？或许，你可以寄一些你喜欢的封面（彩色影印版）给出版社，并解释你喜欢那些封面的理由。通过这样的方式，即使你没有权利决定封面，也多少能施加些影响。[4]

有不少人告诉我，封面设计如果不顺眼，他们根本就不会想去翻阅书里的内容。就我个人看法，几本拙作的封面设计，其中最优的是一幅卡通素描，两名武士对阵比武较劲，从中反映"*Teachers Versus Technocrats*"（《教师 vs. 科技官僚》，HFW，2003［1977］）一书所要传达的对抗心境。这幅素描不是出自封面设计专业人员的创作，而是朋友杰瑞·威廉姆斯（Jerry Williams）拔刀相助的业余作品，他是我们大学戏剧系的舞台设计师，我把想法告诉他，他就用笔墨把我心中的想象形诸纸面，才有了这生动而饶富意味的构图。

田野研究经常会有摄影，而且好的照片确实可以给文章增色不少。劣质的照片，比方说翻印质量低劣的照片，或是和正文没什么重要关联的照片，却可能让最后成品的整体品质失色。不要屈就任何低俗不入流的东西，以免你呕心沥血完成的作品毁于一旦。虽然一张照片可以抵上一千字的稿酬（通货膨胀之前），但也别忘了，一张劣质的照片也会让一千字的苦心经营化为乌有。原则上，如果你对照片的品质不满，就算那些照片是你仅有的相关照片，也该舍弃不用。不要让自己对作品的任何方面感到亏欠。反过来讲，如果你的摄影作品水准很高，那就该多多采用。让照片和正文充分融为一体，还有，你也许可以选一张照片（或是若干张拼贴）作为封面。

后辅文

（1）附录与补充资料

"附录"（Appendixes，或采用拉丁文写法 Appendices）就是附加在正文后面的辅助材料。如果图、表或图示与正文息息相关，那么通常会直接排在相关文字段落的页面。然而有些时候，作者只想提供补充资料给读者参考。质性研究人员惯用的一种做法就是在正文当中,插入一小段摘自重要资料来源的引述材料——特别是访谈纪录,完整的访谈逐字稿则当成补充资料放到附录。这样安排,有特定学术需求的读者可以查寻详细的信息,同时又不会因为正文穿插冗长的逐字稿感到阅读负担。同样地,访谈提纲或问卷有时候也会收到附录。不过,有些出版社可能不会同意这么做,因为大多数读者对这一类资料兴趣不大,而有兴趣的读者则可以直接找研究者索取。(我们总是很自恋,坚信读者会深深着迷于我们的研究,任何细枝末节都会让他们爱不释手!这真是一场自欺欺人的黄粱美梦。)

附录的另外一个用途就是提供补充正文的材料,比如个案历史,既可以发挥辅助功能,又不会干扰正文的流畅。如果预设的读者群是量化取向的,但是研究者又觉得需要一些叙述资料来提供关键的信息与观点,就可放入附录,一来信息完备,二来也不需要多作解释或致歉。我知道有些私底下采用质性研究方法的研究人员其实已经意识到,质性取径的做法可能带来不少好处,但是又有所迟疑,不太敢公开采用这样的做法。如果是这样,他们不妨采取渐进的方式,逐次增加一点点质性方法的内容。最初期阶段的研究,个案历史或相关的叙述资料可以直接收录到附录,以免过于招摇;接下来的研究,再赋予这些材料比较醒目的地位(如统合融入主要文本);再后来,试着以专门章节来呈现这些材料;而最终或许就可能让这些材料成为该章的核心角色。若干知名的研究学者早年也都是坚持定量研究范式,后来才逐渐转向质性研究。像这类个人学术生涯研究范式转移的例子中,有不少发人深省之处,实在不应该像目前这样任其湮没。

"补充资料",英文写法有两种,分别是"supplement"与"supplementary materials"。"补充资料"和"附录"意思是相通的,可以相互替代使用。如果额外资料实在太庞杂,必须分开来呈现,通常就会把分割下来的部分称为补充资料。这儿有一点必须特别注意:当附录或补充资料越来越多,你就应该问自己是否还相信资料"自己会说话"。如果资料自己会说话,那应该会有很多人抢着要原始的田野笔记,以及完整记录的逐字访谈稿(interview protocols)。但是,真的是这样吗?

(2)参考文献与参考书目

在学术出版物的所有后辅文当中，最重要的部分应该就是“参考文献”（References），这应该也是对读者最有帮助的部分。对于熟悉某个专业领域的读者而言，如果要了解该作者的学术取向，判断其深度与更新的程度，最快也最可靠的做法就是查看参考文献。以我个人为例，如果要在最短的时间内评估不熟悉作者的作品，最简单的做法就是查看他们的“引述圈子”（quoting circle），即主要引述作者与作品的范围。

虽然有些时候可以看到有人交替使用“参考文献”（References）与“参考书目”（Bibliography），仿佛两者是相同的，但是，在目前信息与出版爆炸的年代，将两者予以区分的做法也越来越被正视。参考书目，保留其传统的定义，是指某项主题的相关著作清单，就像图书馆员或某些癖好搜集特定主题读物的人士整理提供的综合性主题聚焦读物书单。过去学术界有个惯例，每当学者针对某专业领域写作论文时，领域中人就会期待他们针对该领域先前的所有出版物，提出完整的参考书目。这样的清单被称为参考书目就恰如其分。

如今，这种文艺复兴年代流传下来的力求完整性的穷究做法，已经不复多见了，而且一般也不再要求学者提出如此的清单。在随时都有新的出版物持续大量出版的情况下，要彻底掌握所有相关的文献，已经变成不可能的任务，即使是高度专业分化的次级领域（subfields），都不太可能穷尽所有可能的书目。再者，我们也别忘了，读书与写书的二分法——坚持埋首苦读其他人不断推出的著作之人，往往鲜少有足够的时间来应付同样耗时费力的研究写作工作。

信息爆炸的结果（数量激增是不争的事实，但品质却不见得随之提高），早年书目清单的完整性已经不可求，取而代之的是便利性（expediency）。现在，我们在写作文章时不必编纂完整的书目清单，而只需要列出文章当中有具体提及的参考著作，并将这些条目集中排列于参考文献（英文写法有二：References，或是 References Cited）的标题之下。参考文献的撰写准则相当清楚：只要文本当中没有提及的著作，就不可以列入参考文献中。诚如某学术期刊的《投稿须知》所言（如果你熟谙

"反之亦然"的逻辑)："参考文献的每一条目都必须在文本当中确有引述，反之亦然。"

经验尚浅的作者常常在浑然不觉的情况下，就被逮到参考文献书写方面的疏忽，这不仅给认真负责的校样编辑带来额外的负担，也会让自己身陷尴尬窘境。怎么说呢？他们经常一不小心就在参考文献当中多列了正文未引述的著作，而对等的罪过就是明明在文章里有引述，但在参考文献却漏列了。逐一找到这些疏漏，就是校样编辑初期校稿时执行的一项简单任务。

不过，目前的做法也有个缺点，那就是作者往往为了要收录某些特定的参考文献，就想尽办法在文章当中谈到这些文献。于是，我们经常可以看到许多期刊论文，煞有介事地写了一堆近乎八股的文句，只是为了塞入所有应该被提及的经典文献，可文章的其余部分，往往一字不提那一大串经典。要化解这种墨守成规的缺失，不妨考虑结合参考文献与书目清单的功能，并标上一个较为弹性的标题，诸如："参考文献及相关书目"（References and Select Bibliography），或是"参考文献及延伸读物"（References and Further Reading）。如果文章是探讨专门化的主题，或许更应该再补充列出一份"建议读物"的清单。另外，还有一种大部分期刊会容许的替代做法，就是使用脚注（或尾注）来检列经典文献，并扼要说明文章的主旨、预期贡献与这些重要著作之间的关联是什么。因为在脚注或注释出现的著作，也必须收录到参考文献栏里，如此一来，作者就可以恰当地表达对于经典著作的致敬，同时又避免了前文那种生硬引用的写法。

把关键性的引述内容整合融入正文当中，而不是另外放到脚注或尾注，可以少写点注释，也不需要伤脑筋去写那些当今学者已不太熟悉的拉丁文缩写。比方说，如果引述的信息摘自前一条引述的同一份著作，其实不需要标示"*ibid.*""*loc. cit.*"或"*op. cit.*"之类的拉丁文缩写，直接写出引述页码（或跨页的起迄页码）即可。当引述的是不同的作品，或可能混淆时，则只需要列出作者的姓氏与出版年份，再附上页码即可。（如果我们的作者在引用多位作者的著作时，不再把简写"*et alia*"错写为"*et. al.*"，而能正确写为"*et al.*"，那么我们对于拉丁文的无知或许不至于如此显眼。也许有体贴的程序员能够行行好，在拼写检查程序中,加入挑出"*et.*"错误的功能,那就真是给学术界帮了大忙。)

同样的道理,第一次引述多位作者合著的作品时,通常会把全部作者依照顺序逐一列出,即使其中有些只是参与该项研究项目部分行动的研究生或医疗院所的医生。以后再提及该笔文献,就只需列出第一作者,再加注"*et al.*"即可。还有些指导手册则建议,如果作者多于六个人,在文章中便只需要列出前六名作者,其余的可以省略,加注"*et al.*"即可(至于在参考文献中,当然必须列出所有的作者)。不论如何,质性研究中多人挂名作者的做法比较少见。挂名共同作者应该是实验室科学的传统产物,而且几乎人人有份,参与理论或实验工作,及研究报告撰述者,都会列名共同作者。

对质性研究而言,写作攸关研究的成败,我建议只列出主要作者(可能一人或多人)。至于非主要的协同研究人员、田野研究助理、研究小组的成员,可以在致谢辞中说明他们的个别贡献,这样就不会让人有每一位都可能是主要研究者的感觉。鉴于目前学界对于协同研究的兴趣方兴未艾,再者也有感于以往总是未能给予协同研究者适当的名位(尤其是生活史的陈述),现在有越来越多的质性研究者慨然采取共同作者的做法。而研究"他者故事"的作者更该小心,对于被视为作者伙伴关系的每一个人,都该列名致谢。

当你的作品被出版社接受之后,你对参考文献的格式可能也没有选择。编辑或是寄送给你一份出版社的格式表;或是要你参考最新的书、刊物、网页;或是要你参考某一本通行的论文格式手册。通常研究所会要求研究生的学位论文必须遵循学科领域普遍采用的格式,尤其是一流期刊规定的格式。

你没办法自由选择书写格式与编排体例。不过你可以发现,实际上有许多种不同的格式规范。以我个人为例,我平常习惯使用"*American Anthropologist*"(《美国人类学家》期刊)的参考文献书写体例,本书英文版即是采用这种格式。我之所以偏好这种格式,不只因为它和民族志传统有明显的关联,还因为它有许多相当令我心仪的特色。举例而言:干净利落——除非是引述的原文,否则就不需要因为必须遵循书写体例规定,而加上各种额外的标点符号,譬如引号、括号,或是底线、斜体字;完整——不使用缩写,大小写依照原始资料形式,可以写出作者的完整姓名;而且比较优雅——首先列出作者的姓名,只列出一次,然后再依照发表或出版年序,逐条分行编列出文本当中参考引用该位作者的所有著作,年份较早的排列在前面。

我主要从事的是教育领域的民族志研究,但该领域以心理学为主导,所以我常常会被要求采取 APA 格式(亦即美国心理学会发行的"*the Publication Manual of the American Psychological Association*"最新版本的相关规格)。[5] 当然,我得承认,APA 格式确实提供了一套广泛接受的标准模式,对作者和编辑都很方便。同样地,在人文学科领域,美国当代语言学会(Modern Language Association of America)也提供了一套《MLA 研究报告书写手册》(*MLA Handbook for Writers of Research Papers*)。我个人则建议从事民族志导向的田野研究者最好要熟悉"AA 体例",而且如果有机会就用。不过,就一般的质性研究领域或社会学领域,在 1996 年之前,并没有可供遵循的统一标准格式,最好的做法就是遵循该领域的主要期刊所采用的写作体例。

(3)专有术语表

"专有术语表"(Glossary)这个词的拉丁字根,是指任何艰涩而需要解释说明的词语。专有术语表就是依照字母顺序把这些术语编排成列。作者也可提供缩写或外文词汇的清单表,并附上简要的解释或定义。至于这些信息是否对读者有助益,就要看作者心中设定的读者群是哪些人。如果你只是写给内行的少数几个人看,那么确实没必要整理这些专有术语参照表。不过,你真的想这样吗?写作的时候,专业术语或技术用语往往第一时间浮现。但是,若想多吸引些读者,还是尽量用日常生活的话来行文。

(4)索引

说到"索引"(Index),许多年前,我像学术圈的许多人一样,认为编纂索引既沉闷单调,又吃力不讨好。曾经有好几年的时间,我一直抱持着能免则免的态度。后来,当我别无选择必须承担起这项劳务的时候,我却既惊且喜地发现,原来编纂索引居然就像在处理资料的分类组织工作。最近这些年来,我出版的每一本著作都附上了自己亲自编纂的索引,每一本的结果都相当令人鼓舞,而且我也颇为惊喜地发现,索引真是好处多多,连作者本身也获益良多! 索引可以让我们的研究成为功用无限的学术资源。我很遗憾自己 1995 年以前出版的书都没有提供索引,那是相当重大的缺失。

出版社可能会坚持要求作者提供索引。如果你没有时间,也没有耐心自己编制索引,当然可以出钱请人代劳。时间不够用是很实际的问题。索引必须等到附有页码的书页校稿到手之后才能开始制作,那时候其他的事情基本上都已经处理好了,所以作者往往要在最后所剩无几的时间内,承担起索引的条目编列与逐条校对页码的工作。如果在这之前你已预料到这一步,而且也已经准备好索引条目的工作稿,当然就不会手忙脚乱、不知所措。

毋庸置疑,编制索引的最佳人选就是作者本人。威廉 · 格尔马诺(William Germano)说得好:“除了作者本人,没有人能做出作者心中理想的索引。”(2001,p. 178)确实如此,作者本人最清楚自己研究蕴含的目的与概念,而旁人只是机械式的作业,凡是在文本出现的关键字词,不论是否具有索引价值,全部照列不误。

电脑软件的辅助索引编纂功能,通常倾向于前述的机械化处理,因为这些程序比较擅长于处理关键字词的检索,而比较拙于处理概念的检索。电脑通过由下而上的程序,可以用来辅助资料的编纂与组织,索引编纂只是其中一例。不过,我自己则是采取由上而下的方式来编纂索引。我会以每本书的主旨宣言与预设的读者群作为编纂索引的引导,再考量读者会预期这样一本书探讨哪些主要的理念与概念。我也会参考若干本相关题材的书籍,从这些书籍的索引当中选取有用的主题字词。有了这些选自他人著作索引的主题字词,再加上我自己草拟的可能主题字词,我就可以编制一份暂时性的索引。然后,我开始“测试”这份索引草稿,也就是拿其中的主题字词来对照内文,看看是否需要增列新的主题,或是确认必要的类别,至于多余的或没有必要的就删除,最后我就可以获得一份相当全面的索引。接下来,就是要对照书页校样本(page proofs)进行索引页码的标注,以及细部的微调和优化。各家出版社可能会有专用的索引格式,请作者自行向社方洽询,配合使用。在这方面,《芝加哥论文格式手册》堪称个中权威,不妨拿来参考。

我给每本书编纂的索引有两种:"人名索引"(Name Index)与"主题索引"(Subject Index)。人名索引很容易制作,而且可以用来反向检查,一方面,检查人名索引是否有收录文中所有引述过的人名;另一方面,则是检查文中引述的人名是否都有收录到人名索引。标题采用"人名索引",而不用"作者索引"(Author Index),这样一来,我就可以收录文中论及的所有相关人士,而不只限于著作引述的那些作者。相对地,主题索引的编纂则遵循与此相反的指导原则。主题索引收录的项目只限于那些主题在文章脉络当中有所开展的书页,而不是这些主题出现的所有书页。主题索引的全面与详细程度取决于编纂者。主题索引也有可能碍于整本书的篇幅限制,而遭到相当幅度的删减,因为主题索引往往被视为唯一可以任意删减的部分,在最后关头,为了要符合页数限制,删减篇幅的大刀很自然地就会砍向主题索引。

据我所知,如果作者是自己提供索引,那么越是他或她近期出版的书籍,通常索引的篇幅就会越短。这是因为作者越来越能掌握索引编纂的窍门,还是因为对索引的编纂越来越不耐烦?这几年,在我自己的书籍开始提供索引之后,我已经充分体会索引的无限好处,而且也会期待其他人的学术书籍能够提供索引。

你可以把编纂索引的工作"外包"——任何出版社都可以帮你找到受雇代编索引的助手——不过,我必须提醒你,费用可能不低,而且还有可能钱花了,结果却不尽如人意。总之,不要太快就放弃自己制作索引——毕竟你才是唯一彻底了解想要纳入哪些索引词的人,而且现在这项工作也不像我们这些老古董从前老是抱怨的那样苦不堪言。

(5)书页校样与校稿

每当我收到出版社寄来的书页校样本时(这也意味着,这本书很快就要付印出版),我整个人马上变得百感交集,难以自持。在历经似乎漫漫无期的延宕之后,某一天收到出版社寄来的校样编辑修改过的稿子，或是一大叠复印书页校样，另外再附上几页写满修改或重写指示的建议表，并且要求在七十二小时内修改完毕并寄回，那种整个人亢奋异常的感觉，恐怕要比数周或数月后看到印刷厂寄来的成品还要让人激动。

会有这种心情，很可能是由于你知道这本修来改去折腾了好久始终搞不定的稿子，总算快要送进印刷厂了。最后这一道关卡，你的任务就只剩下确认书页校样的版本和你想要的样子完全相符。你可能会找出打字排版的错误，但也可能发现是自己的错误，并在核对手中的原始底稿时，惊诧居然是你自己当初没搞对。也许你有办法说服出版社在这最后的阶段，将你发现的那些错误予以修正，说不定出版社还会要你自掏腰包去支付额外的费用。但是，大部分的情况下，出版社会告诉你，最好不要再有任何的改变。道理很简单，而且也是每个写作出版的人应该谨记的教条：属于编辑修稿的时间早就已经结束了。

因此，不管你对自己的稿子是否已经厌烦到巴不得眼不见为净的地步，就算是硬逼，也要强迫自己在交稿之前作最后一次彻彻底底的检查。用视觉画面想象你的稿子上的字句，就好像看见这些字句印刷在书本或期刊上。毕竟，这才是唯一算数的版本！要求重大的变动虽然永远不嫌晚，但临到最后关头才这么做不大可能让你赢得好人缘。最好是能够知所进退，逐渐放手，毕竟就某种意义而言，这份稿件已经不在你的手中了。务必记得，要把任何最后关头提出的变动或更正留下备份或留稿，然后再把注有修改说明的书页校样本送回印刷厂。从这一刻开始，你这份历经长期奋战而得的稿子，就要开始它自己的生命了。

本章结语：最后一局

稿件写作完成，在最后送印出版之前，还有许多细节有待“照料”。其中有些是完全没得选择的，另外有些则容许你自己决定。如果你能提早斟酌，等到需要进行最后决定时就可以以逸待劳，从容应对。不管你作任何决定，务必记得你最初设定的研究目的，而且不要迟疑，尽快让别人了解你个人的偏好。

1. 仔细阅读，并且切实遵循期刊的投稿须知或出版社的相关规定。有些时候或许有通融的空间，不过一般而言，投稿者或写书者没有选择，不但要自行弄清楚相关格式规定，而且必须严格遵守，丝毫不得马虎。

2. 收尾涉及了许多看似无关紧要的琐碎杂务，千万不要堆积到最后关头才来匆匆处理。你最后确定的标题与目录、书目清单、摘要、索引，都可能被拿来判断你的学术水平与写作能力。所以，务必确定这些细节都准确(accurate)、对题(informative)与流畅(well written)。

3. 不要在你的正文之外，添加太多没必要的序言、导论、前言、致谢辞、献辞等，应直接切入重点。如果你想和读者来一点轻松的闲聊，不妨考虑留到正文之后，那时候他们会更容易决定，是否想要知道关于你个人或你的作品更进一步的信息。

4. 当你在增列参考书目、插入摘自信息提供者或是其他来源的引述内容时，对于应该注意的细节与规范，第一次就把它完全搞定，免得以后还要回头重新修正。不要把检查细节的琐碎杂务全部留到最后关头，一开始就遵守标准，这样事情就会容易许多。

5. 确定你附加补充的，譬如摄影作品或插图与表格，都是合格且品质优良的，并附有标识清楚的标题。

本章注释

1 就此而言，我最好自己承认，以免又被他抓到我的小辫子！我在前面谈到把理论视为"创作"(making work)，这样的想法就是源自乔治·斯平德勒。我在2000年5月去造访他的时候，和他讨论过第4章的若干内容。

2 我曾经和亚利桑那州立大学戏剧系的约翰尼·萨尔达尼亚(Johnny Saldaña)教授合作过读剧论文(dramaturg)，标题叫作:《找寻归属》(*Finding My Place*)。那是改编自《布莱德三部曲》(*the Brad Trilogy*，请参阅HFW，1994，第3、7、11章；请另行参阅HFW，2002)的一场读剧表演。这场90分钟的"表演文本"发表于2001年2月，"质性研究方法最新发展研讨会"，地点：加拿大阿尔伯塔埃德蒙顿市，主办单位：阿尔伯塔大学国际质性研究方法论研究院。(此读剧论文的全文脚本收录于HFW，2002。有关表演文本或表演民族志更详细的介绍讨论,请参阅 Denzin,1997,第四章:McCall,2000;Saldaña,2005。)

3 有关这方面的实例,请参阅《文化:人类学家的说法》(*Culture: The Anthropologist's Account*)(Kuper,1999)。全书正文 247 页,后面附加 38 页的书末注解说明和参考著作引述信息。在正文当中,只有一条正式的脚注,附带作者的一段见解,脚注的撰述本身乃是"解构主义者在分析时的一种特殊关注焦点"(p.214)。

4 关于封面设计的深入讨论,尤其是使用摄影作品的封面设计,请参阅 Kratz(1994)。

5 你可以上网查看 APA 的脚注写作体例,网址:http://www.apastyle.org. *

* APA 格式手册的最新版本,已由重庆大学出版社翻译并引进出版。——编者注

准备出版 Getting Published 7

至今而言，眼前所见，差不多就是倾囊而出，
摊开了我对于写作的所有法宝。
——安妮·拉莫特(Anne Lamott)，
《逐鸟解题》(Bird by Bird)，pxxxi

借安妮·拉莫特的说法,我也可以这么说:至今而言,眼前所见,差不多就是倾囊而出,本书摊开了我对于写作的所有法宝。这一章我想谈谈我对学术出版的些许看法。

学术出版经验谈

回顾过往我与编辑和出版社的往来经历,幸运之神似乎一直都对我眷顾有加,几乎算是一帆风顺,没有太多惨痛不堪的回忆,能让我作为前车之鉴供读者参考的大概就是需要持之以恒的毅力吧!至于未来几年间,学术出版会有什么样的变化,我也不敢预测,因为我自己也很难赶得上那持续变化的脚步,以及出版社内外马不停蹄的重整改造。在我个人的出版经验当中,有所交涉合作的专业组织、商业出版社与大学出版社,居然多达四十四家,这倒使我颇感惊讶。[1] 我觉得,每一次的出版机会都提供了一个独一无二的经验,不只对你如此,对你的编辑和出版社也是如此。所以,每一次都要好好把握。

请注意,我所谈只限于学术著作的出版,这与诗集或小说的出版是很不一样的。就我个人的了解,这两类作品的出版历程全然不同。一般刚起步的诗集或小说之类的作家,通常会先找经纪人代表你和出版社接洽,因此,你向出版界投石问路的首要之务,就是找寻合适的经纪人。就这点来看,学术出版似乎容易些——你无须旁人代劳中介,你就是自己的经纪人。这是第一个不同点。另外一个差别则是你有望取得的版税收入。除非你已经是个中老手(如果是这样的话,容我再重申一遍,你就不会也不需要阅读本书了),否则你应当不难体会同僚之间流传的那句老话,“写书是为爱辛苦、为爱忙”。

当然,就像学术界的其他人一样,我对于如何着手学术出版也有若干心得。首先,就是要找寻适合你的作品发表的学术期刊,以及有可能帮你出版书籍的出版社。你可以试着去请教周遭那些经常有作品发表的同领域研究同僚。该请教的当然不是那些只会在嘴上说说自己早该有作品发表的夸夸之辈,而是那些真正有作品发表或出版的实践家。你可能也需要找些这方面的出版物来参考,举例而言:鲍威尔(Powell,1985)的《出版入门》(*Getting Into Print*),就是以个案研究方式来探讨学术出版的相关议题，内容信息相当丰富，很有参考价值。另外，还有德曼诺（Germano，2001）最近新问市的《出版需知》（*Getting It Published*），可读性相当高。[2] 但是你自己也必须先做好心理准备：不论你刚刚完成的质性研究报告（博士学位论文，研究成果的专论）多么有分量，别说很难取得商业出版社的青睐，就算是找专门出版学术著作的出版社，能够顺利签约出版发行的机会也是相当渺小的。

这倒不是说你就应该放弃尝试。机会总是有的，或许在天时地利的机缘巧合之下，你就幸运地遇上了投缘的出版社或编辑。但是，除了找寻机会出版书籍长度的专论研究之外，你也不妨考虑化整为零，从专论研究当中选取部分题材，改写成篇幅较短的论文找寻适合的专业期刊投稿。由于你知道除了这些呈现局部议题的短篇论文，你还握有一份较为完整呈现研究全貌的著作，就算只是尚未出版的学位论文，或是研究结案报告的复印本，这些资料的存在可以让你比较放心地在那些短篇论文当中点到为止，而不需要担心交代不清楚所有相关联的大小议题与细节。如果已经有一份"完整的"研究论述，我的建议是，就算不确定是否能够顺利出版，你也最好先把它写成一份完整的报告，草稿形式也行。有了完整研究的报告文稿之后，你就可以设法浓缩或摘要其中部分内容，再向专业期刊叩门，或是寻找与其他作者出版合集（合辑著作）。做这些事情时，别忘了我一再重申的那句忠告："逐鸟解题"，一个一个来。不要一开始就夸下海口，宣称你希望最后能够推出多少篇小型的论文。而是动起来，"一手只抓一只鸟"，务实而不好高骛远，一次只聚焦一个局部特定的主题，一次只写出一篇浓缩或摘要版本的短篇论文。

如果你的写作主要是为了晋升获得终生职位，那你就必须知道，期刊发表的速度通常比书籍或专论的出版来得快，电子期刊的发表速度更是快上许多。就我个人经验而言，受邀加入编辑合刊的分章著作，虽说是量身打造一个萝卜一个坑的分工合作出版计划，可是上市之日却最是遥遥无期，因为只要其中有人拖稿，整个出版计划就进退不得了。万一你很早就乖乖交了稿，却苦苦等候那些一再延迟交稿的伙伴，在不知何年何月终于收稿完毕，也顺利出版发行之后，你却可能会面临一种尴尬的下场——你文章的参考文献更新进度看起来远远落后于其他人。

出版拖延得太久,不管原因为何,都不会是什么好兆头。出版社每天都有新的作品稿件寄达,而且新旧编辑人员不断更替换手,稿件拖延越久,出版的可能性就越低。已经交稿但却被积压在出版社的情况也同样不乐观。编辑的承诺有可能因为事过境迁而有了不同的意思,或者就是忘了,甚至到后来就无疾而终。大型出版社更是不时掀起人事“抢椅子”的职位争夺保卫战,他们提心吊胆,唯恐稍有不慎就沦为公司的“后进生”。还有,各大超级出版社之间的人事跳槽、挖角与重新大洗牌,在这种种的情况之下,原本就已经求助无门的作者们的处境也是雪上加霜。质性研究著作的处境就更是等而下之了,往往成为出版业界随时可以牺牲的垫底货色。

业界流传太多骇人听闻的恐怖事迹,绘声绘色地传说着哪些稿子因为种种千奇百怪的理由而石沉大海。对于这些说法,我的态度是一笑置之。我也奉劝你,千万别分明没事却还给吓唬得垂头丧气,彻彻底底对出版失望。我曾经遇过一位热心的大学出版社编辑 A 君,他特地写来书信,表述“有兴趣”出版我投寄给该公司的一册专论稿件,并打算收录在某专论系列丛书当中。不过,他解释说,我这本研究专论的篇幅大概有 250 页,外加照片,整个出版成本可能会“相对昂贵些”,比较伤脑筋的是,眼前他恐怕没有足够的预算。我回信给他,感谢他的赏识。我猜想,他的解释与说明想必只是婉转拒绝的客套话,但毕竟还是拒绝,那是我必须接受的现实。

于是,我又开始四处打探,另谋出路。好不容易收到另外一家出版社编辑 B 君的回音,他说如果可以重新定位研究的理论架构,并将篇幅缩短些,应该有希望把我的这本小册子收录到他负责规划的新丛书之列。我满怀希望,依照他的建议方向,加紧赶工修改。但不幸的是,浓缩修改(修改幅度似乎是太小了)的结果没能符合他的期待。这么一来,我的这项专论研究就生产了两种不同的版本,却找不到出版的渠道,而且更让人心急的是,再不赶紧出版,我所写的主题有可能就要过时了。虽说这研究的主题还算具有普遍性,但我还是觉得不应该在这上头投入更多的时间。毕竟这研究的主题焦点(我于年假期间在非洲南部田野研究的结果)跟我的学术兴趣没有很直接的关联(HFW,

1974a)，只能算是一次个人的民族志研究经验。

不久之后，出乎意料地，先前曾经联络过我的那家出版社编辑 A 君，竟然捎来一封信通知我，他已经筹到经费，可以开始着手处理我那本专论的出版事宜了。他想知道我的稿子是否还需要修改。当我重新更仔细地读过他当初寄来的信函，发现他的意思原来从一开始就是有意愿要出版我的研究，缺的就是经费。

学术出版社就像学术期刊一样，倾向于打造属于自身特色的定位，最好是能够持续深耕，强化学术纵向深度，以求独霸一方，而比较不倾向横向扩展涵盖领域的广度。因此，最有可能帮你出版质性研究的出版社，自然已经出版过这方面的作品。而且，出版社如果已经出版过类似你研究主题的书籍，那么他们也就最有可能对你的研究感兴趣，除非是他们出的书籍和你所写的题材过于雷同了(如果是相近似的平行主题，会有相得益彰的互补效益)，或是近来该类主题书籍的市场反应令人担忧。请记住，不要只因为出版社有顾虑就轻易放弃说服他们，要相信你的说服可能改变他们的心意。你应该仔细检视他们的出版目录，向他们说明你的作品如何可能为他们的招牌书系增光添彩，而且让他们相信，你的作品会有足够的市场表现。作者通常不太会去关注出版社的动态，因此，那些主动探询出版社的作者，相形之下更容易获得出版社的注意。

出席专业学术活动时，多花些时间看看现场的出版物展示，并且试着找寻两类出版社：第一类是对你专研的主题有兴趣的出版社，第二类是你对他们的出版方向有兴趣的出版社(当然很有可能某一家出版社同时符合这两类标准)。当你停留在书商摊位时，不妨偷听一下周遭人士的交谈内容。大部分的人都是前来查看或购买新的研究论著或教材。当然也有些人单纯只是浏览书名与作者，借以了解自己专业领域的最新动态。请记住，把你观看的对象范围放宽些，最好能包括在场的每个人，而不只局限于逛摊位的顾客及巴不得多卖书的出版社业务人员。眼光要随时扫描(也许不是在摊位旁，而是那些正和其他作者交头接耳，但有可能跟你另行约定时间聊聊的出版社人员)，说不定就正好看到了征稿编辑，他们的职责，顾名思义就是要征求稿件(也就是找寻作者，洽谈稿件或写稿等相关事宜)，实质上是要买书，而不是要卖书。他们是专门来拜会自家出版社旗下的作者,或是那些已经完稿或有出版构想的作者,有时候也会提出几个题目或出版方向,给那些可能意趣相投而且具有市场潜能的作者。

好得不太像是真的?既然你怀疑,那就让我们来回想一下我在序言中谈到的有关本书起源的故事。当时我去参加学术会议,趁着会议休息空当就到书籍展售区找书。就在那儿,我遇见了SAGE出版社的编辑米奇·艾伦,他请我到一旁,聊起他正在寻找适合的人选,帮忙写一本有关质性研究写作的参考手册,预计收录于他负责统筹规划的《质性研究方法系列丛书》。他问我,是否有意愿接受这份邀约。天作之合的一桩美事,真的就这样发生了。

在类似的场合中,真正能够敲定合作交易的,必然是那些万事俱备,心中早已有著述构想的作者。但是,仔细听听那些场合中的对话,你就会明白,大部分的编辑有多么精明干练、神通广大,他们对于你的研究领域的出版现况与未来趋势了若指掌,绝对会让大多数窝在象牙塔里搞自家研究的学者自叹不如。虽然有些时候,他们也许会莫名其妙地泼你冷水,或是把你自认为抢手的出书构想拱手让给竞争对手。不过,一般而言,大多数的编辑在学术出版领域打滚多年,见多识广,他们的专业知识、人脉关系,以及灵敏的出版嗅觉,绝对是值得所有作者好好珍惜与倚重的宝贵资源。

要在商场上竞争生存,学术出版社必须紧密关切市场动向。对我们比较有利的是,潜在的质性研究作品的市场包括:各级图书馆、科普或跨界的学术普及读物,以及大规模的教科书市场。不过,还是有令人沮丧的地方,比方说:明明写得很出色的研究报告,却碍于不好卖(意思是说,依照现况评估不太可能有足够大的市场)得不到出版社的青睐。好不好卖原本就不是决定是否要做研究的唯一考量因素。而事实上,确实也不是。有不少几乎无利可图的质性研究报告,却在作者锲而不舍的努力之下,顺利说服出版社签约出版,而后来不如预期的市场反应,果然证实了作者画出的确实是虚幻不实的空中大饼。在失望之作大量充斥之下,原本就已经相对疲弱的市场,更是让缺乏信心的出版社裹足不前。就出版社的观点看,也是基于实际的销售成绩,每出版十本质性研究类型的书,顶多只有一本有可能赚钱。依照我个人的观察,在每个原本已属小众市场的学术领域下，又划分为读者群更小的若干次级领域（subfield），而在这小之又小的市场小饼当中，圈内人几乎人手一册的少数几本"经典之作"（圈内人都会引述为研究先驱或范式的作品），就瓜分了绝大部分的销售量。对于这个独特的出版市场，米奇·艾伦就曾经私下语重心长地告诉我："会买质性研究类书籍的人，自己本身也就是写作质性研究的作者。这是个封闭的小圈子。"

比起一般作家，我们写作学术著作的人似乎占了一些优势，因为大学附属的出版社可以提供多一种出版渠道。大学出版社多半是以促进学术发展作为经营的宗旨，而不是要谋求商业利益。过去或许有些大学出版社愿意发诸学术良心，冒险出版乏人问津的冷僻著作，但是在现实压力下，那样的日子似乎已经一去不回了。时势所趋，目前各大学的出版社不仅必须自给自足，可能还得回馈校方对他们所做的投资。时至今日，大学出版社更愿意出版有品质保障的作品，并以自家品牌的加持，达到相得益彰的加乘效益。至于销路不好的冷门著作，就再也不能寄望这些校园出版机构能够保障。虽然在早些年，大学出版社还会开方便之门，使得那些冷僻领域的专业书籍得以付梓上市，像民族志这类的著作也在其中。但是现阶段，只剩下少数几家愿意略尽绵薄之力，勉强维持质性/叙述性研究著作的出版。[3] 如果你希望找大学出版社出书，那就要仔细查看有哪几家出版社已发行的著作和你的稿件相互吻合，然后锁定洽询这些特定出版社，而不要地毯式搜索，乱枪打鸟般盲目找寻。商业出版社对于出版研究专论的书籍，通常更是了无兴趣。虽然没有理由不去尝试，不过你也必须了解，要找到真正赏识你的研究著作且有兴趣出书的出版社，的确有相当的难度。如果你是名不见经传的学界新兵，要靠初出茅庐的处女作顺利敲开出版的大门肯定是难上加难了。

有一个做法可能提高胜算，尝试着让出版社将你的作品收录成为合适主题系列的分册，这通常会比单独出版专论的机会要高出许多。另外一个办法则是找规模小一点的出版社，因为他们的出版成本比较小，相对投资失利的风险也就比较低。当你急着想让自己的著作尽早出版时，千万不要忘了，小型出版社的广告预算自然也会比较低，所以不无可能"出版即消失"（publish *and* perish），就算顺利出书，也只是消失在浩瀚书海当中,无人问津。还有一种可能的做法是自助式的桌面出版(desktop publishing),虽然在某些方面似乎比较方便省事,却也不无隐忧。就算现代电脑科技能帮忙处理书籍的编辑、排版与印刷,而且费用也不成问题,但是接下来还是必须面对发行与销路的问题。所谓的自费出版(vanity publishing),或是把作品公布在网络上,由于缺乏同侪审核的把关机制,因此合法性(legitimacy)会遭受质疑。以通过网络公布研究著作为例,虽然开启了前所未有的便利机会,但是除了“合法性”备受质疑之外,还有许多棘手的问题尚待解决(譬如著作权、版权、审稿机制、可读取性,等等)。[4]

就算你顺利找到出版社,也如愿完成出书事宜,也别高兴得太早,以为此后就能一帆风顺了。多半接下来你就会开始怀疑或埋怨,怎么全世界都没有人知道你出了这么一本书。你大可不必自怨自艾,怨叹出版社没有尽心尽力促销你的书;相反地,你应该扛起责任主动出击,多替自己的书打广告。你可以写信或寄发广告文宣给你的学界同僚;你可以向出版社提议,哪些专业期刊可能有兴趣替你的新书写书评,请他们把书籍与作者等相关信息寄送过去(别只是提供期刊的名称,而应该附上这些期刊目前的书评编辑人员姓名与通信地址),而且还要通过另外的渠道,从旁确定这些资料顺利送达预定目标。也许你还可以请求出版社帮忙,参考你提供的人名/机构名称、地址与赠送的理由,寄送赠阅本给某些个人或单位。

平心而论,质性研究报告类的出版物不容易大卖,问题关键倒也不是读者不喜欢质性研究的著作。虽然有些老师也开设性质研究相关课程,但因为这类的研究报告出版物不容易转化为课堂授课的教材,所以销售量自然就比较有限,出版商当然就很难借此获利。授课老师不太容易把质性研究的题材融入课堂教学当中,而学生也难以有效结合课堂学习自行研习。不过,质性研究教学类的出版物倒是有可能对教学有帮助。就此而言,要扩大质性/叙述性研究的市场,最佳对策应该是让研究报告在教学中确实起作用。不过,这话题就有些扯远了,或许可以另外写一本专论,标题不妨就叫作《质性研究教学》(*Teaching Qualitative Research*),或者就沿用我个人更偏好的《质性研究教起来》

(*Teaching Up Qualitative Research*)？事实上,我在另外一本书里已经针对这些问题略有着墨(HFW,1994,第12、13章)。言归正传,我们身为研究者兼作者,当务之急是确保我们的研究与写作品质都达到理想的水准,一旦有人找上门来,才能够不负所望。

书面出版的替代途径

虽然我每次都是一开始就把写作的事情放在心上,而且也是一开头就设想工作标题与目录。不过,我倒是从没有一开始就在心里打定主意,一定要把研究项目的结果出版成书。我们的研究工作只有在提供给其他人参考查阅之时,才能算是真正结束。因此,没有所谓未报道的研究(*unreported research*)这么一回事。一般惯例,质性研究者会采用书面的文字陈述来记录研究的进程,所以在找寻出版社时,通常手头上都已经有一份写得近乎结尾的研究项目,而不会是只有研究构想或大纲。我们不会拿着研究计划就去找出版社。不过有些出版社会愿意提供若干经费,帮忙补贴作者在整理稿件期间的开销。

我比较习惯动手写了之后再去找出版社洽谈合约。当然,如果有出版社主动邀稿签约,或是已经有口头上的协议,再着手写稿也是不错的。只不过,知道有人在我尚未写出作品之前,就已经拥有该作品的著作权,会让我颇为不自在。

彼德·伍兹在《质性研究者的成功写作》(*Successful Writing for Qualitative Researchers*)一书当中,提出了有别于我前述"先写作,然后再考虑出版"的做法。他形容那种做法是"高风险买卖"(risky business),而建议最好是从研究项目一开始就洽询确定出版社(Woods,1999)。姑且不论出版上市与否,究竟要不要把研究写出来,终究还是要靠你自己来回答。我的感觉是,如果你确实有重要的东西非说不可,那你就应该把它写出来。而且要趁着还没签约把稿子卖出去之前,用自己的笔法、照自己的意思把研究写下来,不要等到洽谈签约时,为了顺利取得出版合约,而不得不顺从对方的要求。如果你的血液中流着写作的因子,你就会知道我的意思。

审稿过程

不管促使你洽询出版的出发点是什么,我郑重奉劝各位,除非事先沟通过,或是对方提供了明确的要求,否则最好不要自作主张地把超过期刊论文长度的稿件直接寄给出版社或编辑。如果一般常识告诉我们,毛遂自荐的稿子能够顺利出版的机会微乎其微(Powell,1985,p.89),那么就应该反其道而行之,想办法让你的稿子有机会成为出版社有意邀约的目标。要获得如此的邀约,你可以试着寄出封面页与目录,再附上一份措辞审慎的信函(如果有可能的话,最好指名寄给特定的收信人)。信中不但要说明你写的是什么样的主题与内容,而且还得解释为什么你会选中该家出版社。如果你是要洽询出版学位论文,也许你的同僚恰好知道某些出版社的联络电话,或是帮你写信引荐。

你也必须说明稿子目前的进度,以及有关稿子写作的具体状况,譬如:你多快可以寄出润饰过的二校稿,或是有关引用版权材料的许可问题,或是与出版相关联的任何问题。你可以试着多寄几家出版社,但是一旦你获得某出版社的认真回应,你就别再乱抛绣球了。如果你为了自抬身价,想让出版社或期刊编辑以为已经有其他出版社也在考虑你的作品,我奉劝你最好彻底打消这样的念头,否则弄巧成拙,到头来得不偿失。谁会愿意把时间和金钱浪费在一份举棋不定而且可能有其他出版社捷足先登的稿子上?

如果你能把长篇大论的著述,改写或剪裁成比较精简的论文,期刊发表是比较可行的出版选择。期刊论文也较容易在同僚与编辑手上流传。你可以直接投稿给期刊,而不需要先获得编辑的邀约。不过,在寄出稿件之前,如果你不确定自己的作品是否符合该期刊的征稿范围,或是你的作品可能超出规定的长度,或是需要特殊的绘图配合,诸如此类的状况,你最好先向编辑办公室打听相关事宜。即使如此,你所得到的答复通常都是:"请将您的稿子寄过来,让我们先看看。"(提醒:好多人一想到要先征询编辑,就想打退堂鼓。但是,你猜结果如何——编辑的回复几乎都是我想要听到的:"请将您的稿子寄过来,让我们先看看。")

作者必须慎选期刊,而且要适度展现自己不只清楚该期刊的范围,而且也明白投稿的相关规定。在投稿信(cover letter)里,除了简要介绍作者与作品之外,还应该针对任何不符合投稿规定的地方提出解释说明。小地方的落差应该坦白承认并做承诺,譬如:承认你所使用的引述格式可能与该期刊的规定有些微出入,然后允诺一旦稿件被接受了,你就会配合修改,使其完全符合规定的引述格式。千万不要扯些“敝作瑕疵颇多”之类的客套话,或是漫天许诺,只为了博得出版的机会。你只需要按照投稿规定办理,剩下的就让作品凭本事去争取期刊编辑的认可。事实上,一旦刊登了,作品也得凭本事去争取读者的认可。请记住,大部分的专业期刊编辑本身也是分身乏术的研究人员及教师,他们也有忙不完的工作,因此他们当然有权利要求投稿的作品必须符合完整格式,而且是审慎校阅过的定稿,也就是你必须确定稿件已达到可以直接印制出版的水准。当然,他们通常还是会提议或要求你再作若干修订。

没有人能够欣然接受退稿的结果。不论是投稿经验丰富的高手还是初试啼声的菜鸟,稿子被退件或拒绝都让人沮丧。而最让人难以接受的拒绝,就是直接退稿,却连个只字片语的解释或评语也没有。我自己担任过编辑,自然能够体会退稿通知函下笔的为难之处:既要顾虑到不伤害收信人的感受,又要确保委婉的措辞不至于造成误会,导致对方怀抱不切实际的希望,或是误以为自己的作品确实值得大力赞许。事实上,那些退稿的台面话“承蒙惠赐大作,敝社深感荣幸……”,说穿了不过就是“谢谢你想到把稿子寄给我们”。

审稿的作业流程有着多重关卡,外审制度(有时甚至还采取盲审)虽然郑重其事,却也有某种程度的轻率。之所以会给人如此的印象,其中一个原因,可能就在于编辑并非所有文章都送交外审,也不可能单单只根据外审的意见就做出关于取舍的最后决定。因此,如果有一两个外审给予否决的评语,应该还不至于就此认定该篇稿子全无可取之处。你应该仔细阅读审查意见列出的具体建议或缺失批评。不妨找个比较亲近的同僚,陪你一块来检视回绝的意见函,因为当局者迷,有时可能误判了字里行间的含义。就这点而言,我认为编辑黛博拉·劳顿(Deborah Laughton)的忠告就非常受用,她是这么说的,收到“请修改好之后再寄回来”(revise and resubmit)之类的回复信息,千万不要,一次也不要,疑神疑鬼地认为那就是代表拒绝。真的不要想太多,只需要照着指示,修改好之后再寄回去,这样就行了。

等待审稿结果的时间可以当成休养生息的空当。作者可以利用这段时间再回去用新的眼光看看自己的稿子。如果你够勇敢，当稿子被寄回来时，你应该能够以审稿人而非作者的眼光来重新检视。万一审稿过程拖延得实在太长了，你或许可以试着再撰写一篇工作论文（working paper），或是口头发表的论文稿，描述所收到的各种回馈意见，以及你如何应对等待审稿结果这段时间里的各种问题。我曾经写过一篇探讨理论的论文，投稿过程中有几位审稿者的批评意见让我耿耿于怀，于是，我有感而发写了一份回应的短文，标题叫作“针对某篇工作论文的若干回应”（Notes on a Working Paper），我在文中回应审稿者的评论，并针对其中鞭辟入里的批评见解，详细阐明我的辩解看法。后来，我应邀出席一场研讨会，以这篇短文为题，发表专题演讲。会议之后，讲稿内容收录于正式出版的研讨会论文集（HFW，1991）。我没有让审稿的煎熬过程打击到我的士气，反而是把审稿过程当作一种新的资料来源。

只要我在重看自己的稿子，一定会手握铅笔或鼠标，不管已经和它周旋了多久，我都会随时保持警觉，不放过任何可能简化的句子，尽力把想法表达得更清楚，把诠释说明得更简洁有力。但是，一旦稿子进入印制过程，这些近乎强迫症的文书编辑举动就必须彻底打住。当我写的东西最后被印制成期刊或书籍，我总是抱着一种属于我应得的成就感来欣赏它，而不会有失望或失落的感觉。这是我的词语、我的句子、我的想法啊。（投入了那么多心血之后，它们都更好地属于我了，毕竟我辛辛苦苦写出了它们。当然，里头是有些改动，不过多半只是来自编辑建议的小小修改。）我完全和它们站在同一边。在我写下它们的那一刻，它们就代表我最完美的心血结晶。

著作无法出版的时候

如果你那长篇大论的著作遍寻不到有意出版的渠道，你该怎么办呢？假设你几番检讨之后，发现问题可能出在整批接受你的稿件不太容易，于是你决定分批进击，从该本著作当中摘取若干主题，再写成几篇较短的论文。可是经过一番折腾之后，你还是找不到有意刊载这些论文的期刊，这下你会怎么想呢？这是否代表世界末日或是你学术生涯的穷途末路?

没能出版,对于你的前途当然不会是个优势,不过话说回来,实际影响也还好啦,我在大学打滚也超过四十个年头了,还真没听说过有哪个学术单位完全只考量当事人的论文发表或出书纪录,来作为学术晋升或终生聘约的考评依据。甚至还有些人的学术著述似乎已经完全停滞不前了,也照样获得晋升或终生聘约。只有"图方便"的考评机制,才会搬出论文篇数或书籍出版数量"不够多",作为不利当事人的处分借口。如果你有机会看到大部分高等教育机构教授晋升审核的出版纪录,你可能会大为吃惊,居然有不少人的出版纪录是非常有限的。(换个角度来看,这些人是在其他方面有所贡献。毕竟,如果所有人都忙于耕耘自己的学术研究著述,那还有谁来分担行政文书作业、负责筹办各种会议、指导学生参与各种活动竞赛,或是安排分配研究室空间与旅费开支?)

没错,在所谓的研究型大学,你必须写作、创作、生产或处理某些事情,但是我几乎可以肯定,如果研究或写作著述的出发点纯粹只是为了要获得终生聘约或晋升,这样的人是不太可能投入质性研究这类吃力不讨好的苦差事的,因为实在是旷日持久,太不划算了。就我个人的浅见,这样的人需要的其实不是另辟出路找寻适合自己的研究类型,而是根本就应该尽早放弃研究,找寻其他可以让自己顺利达到学术升等或取得学术成就的合宜途径。

确实,要在学术界有所贡献并获得尊重,除了从事研究著述出版之外,还有许多替代途径可供选择。比如,撰写综合报告或论文意见书(position paper)、编纂附有注解的书目(annotated bibliographies)、举办研讨会。毫无疑问,你的同僚当中有一部分,也许是大部分,都在持续发表或出版某些著作。不过,请你严肃检视这当中有多少作品算得上是原创性的研究(original research)。比方说,你眼前所读的这本小册子,算是一本作者现身说法的实用手册,就学术传统标准来看,此书关于研究本身的建议还算得上有用,但,这终究不算是研究。尽管出身如此卑微,我还是期望有朝一日,这本敝帚自珍的小册子能够荣登诸如《天下名作系列》(*Great World Series in the Sky*)之类的学术名著殿堂。

假设你已经矢志投入质性研究,我恳切奉劝你,永远都要把写作当成研究过程非常重要的一部分,而不是把它看作为了出版而不得不承受的折磨。出版与否并不是判断质性研究人员贡献的根本指标,更重要的是要看你能否与其他人分享交流你的研究成果。每一次的研究，最后都应该落实成为某种形式的成果。未出版的田野研究笔记是不够的。合适的成果呈现类型包括：根据田野笔记写成的周详的田野研究报告、完成但未出版的论文、个人系所或机构经费赞助印制的论文单行本、研讨会发表的海报或论文、网络公布的个人研究报告——这些持之以恒贯彻完成的有形研究成果，都算是你身为质性研究者的学术贡献，也是累积个人学术资历（与知名度）的重要资产。

成功的学术生涯并不意味所有的努力都获得成功，从无败绩。其实就算是成功，也有可能给未来的写作造成可怕的阻碍。俗话说，少年得志大不幸，确实有几分道理。像我们这些过来人，三不五时也会有所耳闻，说是我们的作品大不如前，或是我们对于写作不像过去那样“认真”。再者，也不是登上期刊的每一篇作品，或是出版发行的每一本书籍，都能够如作者所愿获得公平的赏识与评价。我们也有挥棒落空或成绩平平的时候，没有人每次都可以顺利击出安打。

也幸亏没有这种人。现在市面上的出版物已经相当泛滥了，我们实在没有必要每一次研究都得登上期刊或是出版成书，更别说是挤破头登上顶尖的期刊封面，或是印制成豪华的精装书。就大多数的研究而言，实在不需要也不值得耗费如此多的人力与物力，或许可以考虑其他不那么正式且比较便宜的做法。譬如：研讨会的论文集或是论文单行本，分送给学界同僚作为学术交流之用，顶多说上一句“多多指教”的客套语，而不需要硬着头皮询问：“请问我这篇研究应该投稿到哪儿比较好？”

好消息是，只要你毅力够坚定，总有一天可以如愿以偿完成出版的心愿，即使不是书面的出版物，网络出版也差强人意。网络出版开启了前所未有的机会，电子期刊已经填补了出版渠道严重不足的空缺，网络出版快速而相对便宜，且无须先行登载于书面的期刊。拜电脑网络通信技术之赐，投稿人、期刊编辑与审稿人如今可以迅速而方便地沟通，过去同侪审稿程序冗长而恼人的速度问题因而大为改善。再加上各种通信技术的开发，相信未来的审稿程序会越来越迅速，也越来越方便更多人对审稿进行分享与交流。

电子出版迟早变成书面期刊出版的门槛，从而得以更完善地筛选值得正式出版的作品。这或许有助于确保更多的优质作品登上期刊页面，反过来，也保障期刊登载更多的优质作品的同时也让所有人都有机会公开展示自己的研究成果，与其他人分享、交流。不过，学术界对于电子期刊的看法也颇有分歧，有些人把它视为传统出版的辅助或补充（alternatives to it），有些人则是把它视为传统出版的替代（alternatives for it）。电子期刊与“传统”期刊之间的发展与替代，这些都有待未来的持续观察。至于我个人，我的眼睛和耐性都还没来得及演化，无法适应在电脑屏幕上阅读大量的文字，但也已经被推向电脑主宰的新纪元了。我们当然可以继续顽强抵抗，说三道四地抨击电子出版的是非功过，但是在赞成与反对声浪交锋之中，电子出版的大举入侵与大步迈进，早已是不争的事实。

总而言之，要竭尽所能把握任何值得的研究机会，持之以恒，认真投入，直到你对于研究的问题彻底了解，并且完成一份条理分明且文笔章法得宜的结案报告。不论以何种可能的形式，尽你所能地确保你的研究报告能顺利与关切这些议题的其他志同道合者分享与交流。不坚持“一定要”出版，而纯粹就是征询他们的意见，请他们帮忙评估你的研究应该诉求哪些读者群，也请他们建议有哪些部分需要未来的研究继续努力与加强。不管有没有出版，你都已经把质性研究写出来了。在你还没写出来之前，你的研究工作就不算真正完成或结束。换个角度看，就算还没有真正出版，至少也是个开头，而开头已经是相当不简单的成就了！*

最后的几点

1. 除了你自己之外，没有任何其他人有必要看你最初几版的草稿。

2. 即使你满腹经纶，但只要你还没有把自己的想法写下来，你就没有机会改善这些想法。所以，当务之急就是马上执笔，把想法写成

---

* 【译者注释】：原文是“it is a beginning, and that is something!”，是否似曾相识？请翻开本书扉页，是的，作者走了一大圈，又带我们回到了全书的起点，在那儿，达尔文如是说：“这样说吧，这书算是个开头，而开头已经是相当不简单的成就了”。

就这样，这书首尾相互呼应、衔接，也算是一种圆满的开始与结束。这圆满当中，自有一种其命唯新、自强不息的更替循环，除了自我勉励与肯定之外，还有另外一番己立立人、成人之美的功德圆满——作者成就了一本书三个版本生生不息的循环，同时也引领读者成就了至少某方面的开端。

草稿。

3. 征询编辑和出版社,请他们针对你想要出版的主题或想法提供意见。

4. 除了出版之外,还有若干替代途径,通过这些途径,你可以让其他人有机会看得到你的研究。

5. 请永远牢记在心:没有所谓未报道的研究这么一回事儿。

本章注释

1 期刊论文与合辑著作出版的做法,有着极大的差异性,难以一概而论。如果只看个人单一作者的出版,那又是完全不同的情景。我有两本原创著作是由大学出版社出版,另外有两本著作是恩师乔治·斯平德勒邀稿出版的,最近六本出版物则是米奇·艾伦邀稿编辑的作品。可以这么说,乔治·斯平德勒和米奇·艾伦在许多方面,深刻影响了我写作与出版的观点、经验和机会。如今重忆往事,我依稀记得当时等待第一本书出版的过程,时间确实过得非常缓慢而冗长。所以,对于你的第一本著作,请你务必要沉住气,好好地、耐心地等下去。

2 请参阅 SAGE 出版的《学者自救宝典》(*Survival Skills for Scholars*)系列丛书,其中包括:专门处理书籍出版的专论(Smedley & Allen,1993),以及专门处理期刊论文投稿的专论(Thyer,1994)。

3 在写作本书第 2 版期间,我想如果能够有一份各家出版社质性研究相关出版物的清单,应该会很有帮助。于是,我编列了一份粗略的清单,并附上一份单页的问卷。其中一家出版社寄回来的是表示拒绝的套用信函,另外一家出版社表示编纂这样一份清单根本毫无意义。加州大学出版社(UC Press)的安珀·威尔森(Amber Wilson)很客气地列出了二十六类的质性研究出版物,包括:非洲研究、人类学、艺术史、亚洲研究、经典研究、文化研究、欧洲史、电影、美术、性别研究、地理、犹太研究、拉丁美洲研究、法律、语言学、文学研究、中东研究、音乐、自然博物史、哲学、摄影、政治科学、宗教研究、科学、社会学,以及女性研究(资料来源:私人沟通,2000 年 8 月 15 日)。不过,足足等了六个月,我才收到其中绝无仅有的一家出版社,姗姗来迟的就这么一句直言无讳的警语:"大学出版社似乎不会俯身屈就,主动对外邀稿。"

4 最近,我受邀撰写的一篇书评(HFW,2008b)就是刊登在期刊的网络版。当初

《教师学院记录》(*Teachers College Record*)邀我写一篇书评,那时我没有充分注意到他们的书评只刊登在网络版。我答应之后,很快就收到他们邀我评论的书。隔月的月底,我写的书评被接受了,也“出版”了。但是,从我的观点来看,这篇文章其实就是“出版即消失”(published and vanished)。我当初并不知道,只有该期刊网络版的付费用户(必须缴付年费),才有阅读书评的权限。也就是说,没有付费订阅的用户就没办法阅读该篇文章。而我不是付费用户,如果不是他们提供给我一份该篇书评的 PDF 文件,我根本没办法看到自己写的书评已经“出版”了。

附:应用与练习指导

写本书的时候,我力求避免说教或教科书的语调,以免这本专论读起来十分教条。我很受不了有些作者,他们老是习惯在每一章结尾的地方,搬出一大堆的问题,或是堆砌一长串问答或填充的练习题,说是要读者去想一想。不过,话说回来,如果提供的建议能够让你的阅读与写作变得更主动,产生些实质帮助,我倒是乐于提供若干想法与实用练习。再者,这些想法也许能够给老师们提供一些帮助,以便引导学生成为更好的写作者。

容我重申,我在第 1 章与第 2 章结尾处,试图让你采用我所建议的一些做法。我当时的建议是,如果你手边并没有正在写研究报告,你不妨设想一个近期可能会做的研究项目。我还建议针对假想的研究草拟一则研究问题宣言,以便你在进一步阅读研究文献时能够有所聚焦。如果此时你心中既没有真实的问题,也没有假想性的问题,且容我再次建议,在你开始下列做法之前,最好能够先做那些应用练习。

应用 1——文书编辑

从你的研究领域中找出几篇期刊论文或几本书籍,试着动手删减其中特别沉重繁复的文字。

请记住,你要做的是文书编辑,而不是修稿改写,目的是要帮助作者把所想要讲的事情表达得更为清楚。

然后试着找来你自己写的一些文章,针对其中某些段落进行文书编辑。你可能会发觉当你搁置惯常的作者角色,转而采取文书编辑的角色时,这立场转换就能帮助你取得必要的距离,足以"另眼相看"眼前的文字。

应用 2——第一/第三人称,主动/被动语态

找一篇以客观"第三人称"写作的文章,然后试着使用第一人称的

方式改写两个段落。

请注意，从第三人称改写成第一人称，是否改进了这些段落的语调？在决定采用第一人称或第三人称之前，你还应该考虑哪些事情？

再以类似的做法，找一篇以被动语态写作的文章，将其中部分字句改写成主动语态。然后看看经过这样的改变之后，文章读起来有什么不同的感觉。

应用 3——征询他人

请某人——如果能请到若干人，那就更理想了——把你所写的稿子大声念出其中一个段落。请特别注意，不同的人朗读时各自的断句与抑扬顿挫有何差别。当你针对自己写的东西进行文书编辑时，你必须有能力去“听见”你的句子可能会有怎样的读法，以及可能会如何被误读。

应用 4——玩玩标题

针对你目前或下一项研究项目来一个头脑风暴，想出各种好玩的可能标题。然后将这些标题依序排列，把最适切的标题排在最前头。

你是否能从这些标题当中找出某种模式，用来辨识出你确实想要传达的字眼或概念？

每一个标题是否传达充分的信息，足以抓住潜在读者的注意力？

仅仅只看标题，书目编纂人员可能会把你的作品归到哪些类别？

你希望你的标题有多“俏皮”？连带会有哪些风险？

应用 5——叙述・分析・诠释

试着把第 2 章介绍的区分叙述、分析与诠释三项要素的想法，再稍微延伸想象：

首先，什么样的情况下适合突显这三项要素的其中一项，使之成为研究项目报告的主要焦点？

其次,你能否想到在什么情况下,这三项要素可能需要等量齐观,给予相同的比重?

最后,你能否预测在你研究生涯的不同阶段当中,你对于这三项要素的关注,可能会有怎样的转变?

应用 6——格式表

如果你目前正在着手处理一份文件,请你试着拟出一份简要的格式表。把它做成备忘录的形式,交给校样编辑,好让他或她知道你偏好的若干做法,以及其中可能需要斟酌处理的问题,例如:

- 你偏好的字词写法[例如:参与观察者(participant observer)vs. 参与者—观察者(participant-observer)];
- 标点符号的用法(例如:逗点、顿号、删节号);
- 你偏好的脚注/尾注写作格式;
- 以及其他任何需要处理的、使整份文件保持统一和连贯的问题。

应用 7——语录手册

开始建立个人的语录手册,作为你的写作资源。

语录手册的内容可以包括:至理名言、有用的定义、隽永谚语、观察入微的理论洞见,等等。

我给我的手册特别取了个《语录集锦》(*Quotes*)的名称。你会怎么称呼你的个人语录手册呢?你是否已经有些语录可以记到本子里了呢?

还有,你会想要把这些语录收藏到什么地方呢?我个人是选择装订成册的笔记本,并且摆在书桌上,可以随手翻阅查看而不是放到电脑里。你会如何处理、储存与使用你的语录呢?

应用 8——以研究叙事取代研究方法或理论

有一次,我的朋友要我用最简单的方式介绍一出歌剧的剧情大纲。

我这位朋友是歌剧的门外汉，因此我决定先描述结局的情形，然后再回过头来说明导致那场悲剧结局的若干关键剧情。

后来，我一直在想，为什么我们从来不是这样来看待研究的报告。想想看，我们现在惯用的陈述研究报告的顺序，真的有让我们增长新知吗？

然后再想想看，如果我们花点心力，抓出若干相关的细节，用叙事的方式解释我们是如何来到目前的所在，这样的做法是否更有益于我们从中学到某些东西？（这就是以叙事取代或补充研究方法或理论文献探讨等传统报告的形式，请参阅第 4 章。）

应用 9——质性研究取径图

请你试着画出一幅质性研究路径“树状图”，以显示你观察到的质性研究各种路径之间的关系。

不用客气，你可以自由使用我的“树状图”作为出发点。或者，你也可以尝试其他的方式，譬如：文氏图（Venn diagram），以便重新概念化整个质性研究领域。

先前在第 4 章，我们把参与观察视为所有质性探究的核心研究活动，对于这样的想法，你觉得是否合适？

应用 10——理论

在你所属的学科领域当中，你能否明确指出有哪些研究者对理论有哪些重大的贡献？你是否必须到你所属的领域之外，才能够找到杰出的理论家？

请牢记在心，大部分的研究者都有能力，也有意愿畅谈他们对理论及其所扮演的不同角色的看法，不过那种个人意见的表达不应该和理论的建构混为一谈。

应用 11——紧缩精简

从杂志或专业期刊中挑选一篇你觉得文书编辑可以有所改进的文章。假设该篇文章尚未正式印行出版,而是被退回给你的一位同僚,并且建议要删减"大约三分之一"的篇幅。

你能否建议作者删减哪些地方,以及如何予以删减才能符合篇幅必须减少三分之一的要求?

每个句子删去一两个字,这样的策略能否有效达成如此的要求呢?

应用 12——摘要

针对你所写的文章或报告,写一份措辞审慎的摘要。[如果你正在撰写学位论文,请依照《博士论文摘要》(*Dissertation Abstracts*)的规范写一份摘要草稿。]请遵守你所属学术领域主要期刊规定的摘要字数限制。

为了你的文章或报告能被准确搜索到,要慎选关键字。你如何确定你所选列的关键词能如愿地吸引到你希望诉求的读者群?

应用 13——早鸟写作

是否有某项研究主题,你知之甚笃,甚至在还没开始田野研究之前,就已经有能力"几乎"完成一篇报告?请你试着写出草稿。

如果在你写下草稿之后,真的着手投入该项主题的田野研究,你觉得你的田野研究结果是否有助于你设计出一个更为理想的研究项目?

应用 14——开场白

纯粹为了好玩,请你试着以最夸张的方式,针对无关痛痒的假想研究项目写出最荒谬绝伦的开场白。

如果你是研究生讨论课的一员,也许你可以办个比赛,看看谁写出的段落最差劲。

然后郑重其事下定决心，永远、永远不会写出如此贻笑大方的瞎扯淡，也不容许你自己花任何心思去追逐如此毫无意义的蠢活儿。

应用 15——研究主旨宣言

（这项习作需要额外的文书编辑）我不断督促你，务必要把研究主旨宣言搞定："本研究目的是……"。不过，像这样缺乏想象力的开场白写法，还真有点让人觉得丧气。

你是否能够找出其他方式改写研究主旨宣言，以便你以比较生动活泼的风格来展开你的写作？

应用 16——研究文件夹

针对你实际或想象的研究项目，准备一组活页档案夹，每一章（如果写的是书籍）或每一节（如果写的是文章）都各自分配一个档案夹。

你可以在电脑上开设文件夹，也可以在文具店买到活页档案夹，价钱应该不会太昂贵。

在每一个档案夹里面贴上一则简短扼要的陈述，说明该章或该节可能的内容。

嘿，如果这一路下来你都能够顺利完成，何不再接再厉，依据每一个档案夹里的内容，开始撰写该章或该节的草稿？如果你能够完成这些章节草稿，不久之后，你应该就可以顺利完成最终的写作目标了。

应用 17——出版清单

开始建立一份友善出版社清单，列出可能愿意出版你目前正在做或是你有意向要做的研究。设法取得这些出版社联络人的姓名，并且记录与更新你的信息。

另外，你也许会想建立一份无缘出版社清单，你确定这些出版社不会有兴趣出版你的研究。

应用18——换位思考

最后,是给指导写作的教师的一个建议。

我身为老师,总是希望时时都能够听到每一位学生的心声。但是就实际而言,在课堂讨论当中,不可能每个学生都会同样热烈地参与讨论发言。所以我需要让他们交报告,借此来"听见"他们的学习状况,而且还需要"时常"听见。但是一想到每个学期、每个班级,要阅读与回应那么多的学生报告,我就感到很伤脑筋。于是,我想到了一个点子,那就是规定学生在学期中上交若干次的一页报告(不含代替期末考的期末报告)。对大部分学生而言,这样的规定意味着,学生必须把他们所要表达的报告内容挤进一页(单面)纸张的篇幅之内。不需要留边界,也不需要列出参考文献的详细信息。另外,学生的姓名写在纸张的背面(这样,我就不会知道报告学生的身份,至少在学期初的时候无从判断)。在文字处理软件尚未普及之前,一份报告往往需要重新打字两次或三次,才可望达到合格的标准。每一次重新打字,就是一次文书编辑的机会。随着文字处理软件的问世与普及化,现在学生要以一页的空间来容纳报告的分量,技术上已经容易多了,所以我有了新的规定,限制学生只能使用几号以上的字体,以免学生选用太小的字体,在一页单面纸张的报告里硬是挤进太多的字数。

这项作业带来了一个意想不到的收获:学生从中自我锻炼有所节制的写作态度与技巧,他们必须学会直接切入重点,同时也需要小心谨慎地进行文书编辑。虽然许多学生觉得要应付这些报告实在很折磨人,尤其是在每个学期初的时候,不少学生叫苦连天。但是,这么多年实施下来,这项单页报告作业也确实帮助了许多学生,训练他们的写作本领日渐提升。他们获得了许多的写作机会,而且每次的作业都在他们可以从容应付的限度之内。而我也可以"时时""听见"每一位学生了。

致谢辞

迄今为止，本书已历经三次的改版，在这期间，我受惠于许多人的鼎力相助。在先前两个版本的致谢辞当中，我已经分别感谢过当时协助我的人，在此请容我再次致上我由衷的谢意。在这次第3版的执笔、修稿与准备出版期间，惠我良多者众。首先，我得感谢SAGE出版社的诸位审稿委员，他们每一位都给了我相当宝贵的建议。其次，我要谢谢纽约州立大学(Cortland分校)的朱迪·本特利(Judy K. C. Bentley)、佛罗里达大西洋大学的帕特·马丝琳·奥斯特洛夫斯基(Pat Maslin Ostrowski)、春田学院的约瑟夫·朗卡(Joseph Wronka)，以及天普大学的索尼娅·彼得森·刘易斯(Sonja Peterson-Lewis)。SAGE出版社的编辑团队也是功不可没，我要感谢的人包括：征稿编辑薇姬·奈特(Vicki Knight)、专案编辑阿斯特丽德·威尔丁(Astrid Virding)(她负责整个出版项目的协调事宜)，以及我的"梦幻"校样编辑莉安·莱什(Liann Lech)。此外，我也必须感谢丹佛大学的伊迪丝·金(Edith King)，她转寄给我研究所研讨课学生们对于这次改版的建议，俄勒冈大学图书馆的凯蒂·莱恩(Katy Lenn)帮忙整理参考文献。还有肯·罗格(Ken Loge)，每当我搞不定电脑问题，挫折满腹之余两手一摊，想说"饶了我吧"(或者根本就是"算了，老子不干了")的时候，他总会挺身而出帮忙解围，没三两下就让电脑乖乖听话，做到许多我无能为力的事。神奇的科技固然带来了许多妙用无穷的法宝，却也隐藏着不少让人摸不着头绪的玄奥难关。或者这么说吧，我这种前电脑时代的老人家，好不容易才稍微学会了几招古董级的基本功夫，完全是硬着头皮跟它周旋，而这样的苦日子却还是来日方长啊！但愿你永远不会遭遇如此窘境——照着原稿(用铅笔写在黄色活页纸上的)输入键盘时，修正原稿的错误，接着打印两份副本，又得再把原稿拿出来，校对键盘输入有差错的地方，然后回头再重来一次……

参考文献及延伸读物

Agar, Michael H.

1996 The Professional Stranger: An Informal Introduction to Ethnography. 2nd edition. New York: Academic Press.

Barrett, Paul H., Peter Gautrey, Sandra Herbert, David Kohn, and Sydney Smith, eds.

1987 Charles Darwin's Notebooks, 1836-1844. Ithaca, NY: Cornell University Press.

Bateson, Gregory

1936 Naven. Stanford, CA: Stanford University Press.

Becker, Howard S.

1986 Writing for Social Scientists: How to Start and Finish Your Thesis, Book or Article. Chicago: University of Chicago Press.

1998 Tricks of the Trade: How to Think About Your Research While You're Doing It. Chicago: University of Chicago Press.

2007 Telling About Society. Chicago: University of Chicago Press.

Beer, C. G.

1973 A View of Birds. In Minnesota Symposia of Child Psychology, Vol. 7. Anne Pick, ed. Pp. 47-53. Minneapolis: University of Minnesota Press.

Behar, Ruth

1992 Translated Woman: Crossing the Border with Esperanza's Story. Berkeley: University of California Press.

Benedict, Ruth

1946 The Chrysanthemum and the Sword: Patterns of Japanese Culture. Boston: Houghton Mifflin.

Bernard, H. Russell

1994 Research Methods in Anthropology: Qualitative and Quantitative Approaches. 2nd edition. Thousand Oaks, CA: Sage.

2000 Social Research Methods: Qualitative and Quantitative Approaches. Thousand Oaks, CA: Sage.

2006 Research Methods in Anthropology: Qualitative and Quantitative Approaches. 4th edition. Lanham, MD: AltaMira Press.

Biklen, Sari K., and Ronnie Casella

2007 A Practical Guide to the Qualitative Dissertation. New York: Teachers College Press.

Boellstorff, Tom

2008 How to Get an Article Accepted at American Anthropologist (or Anywhere). American Anthropologist 110 (3):281-283.

Brettell, Caroline B., ed.

1993 When They Read What We Write: The Politics of Ethnography. Westport, CT: Bergin and Garvey.
Bruner, Edward M.
1986 Ethnography as Experience. *In* The Anthropology of Experience. Victor W. Turner and Edward M. Bruner, eds. Pp. 139-155. Urbana: University of Illinois Press.
Burke, Kenneth
1935 Permanence and Change. New York: New Republic.
Campbell-Jones, Suzanne
1978 In Habit: A Study of Working Nuns. New York: Pantheon Books.
Caulley, Darrel N.
2008 Making Qualitative Research Reports Less Boring: The Techniques of Writing Creative Nonfiction. Qualitative Inquiry 14:424-449.
Cavan, Sheri
1966 Liquor License: An Ethnography of Bar Behavior. Chicago: Aldine.
Cheney, T. A. R.
2001 Writing Creative Nonfiction: Fiction Techniques for Crafting Great Nonfiction. Berkeley, CA: Ten Speed Press.
Chibnik, Michael
1999 Quantification and Statistics in Six Anthropology Journals. Field Methods 11:146-157.
Chiseri-Strater, Elizabeth, and Bonnie Stone Sunstein
1997 Field Working: Reading and Writing Research. Upper Saddle River, NJ: Prentice Hall.
Clifford, James
1988 The Predicament of Culture. Cambridge, MA: Harvard University Press.
1997 Spatial Practices: Fieldwork, Travel, and the Disciplining of Anthropology. *In* Anthropological Locations. Akhil Gupta and James Ferguson, eds. Pp. 185-222. Berkeley: University of California Press.
Clinton, Charles A.
1975 The Anthropologist as Hired Hand. Human Organization 34(2):197-204.
1976 On Bargaining with the Devil: Contract Ethnography and Accountability in Fieldwork. [Council on] Anthropology and Education Quarterly 7(2):25-28.
Coffey, Amanda
1999 The Ethnographic Self: Fieldwork and the Representation of Identity. Thousand Oaks, CA: Sage.
Coser, Lewis
1975 Two Methods in Search of a Substance. American Sociological Review 40(6):691-700.
Crapanzano, Vincent
1980 Tuhami: Portrait of a Moroccan. Chicago: University of Chicago Press.
Creswell, John W.

2003 Research Design: Qualitative and Quantitative and Mixed Methods Approaches. Thousand Oaks, CA: Sage.

2007 Qualitative Inquiry and Research Design: Choosing Among Five Approaches. Thousand Oaks, CA: Sage.

Deegan, Mary Jo

2001 The Chicago School of Ethnography. *In* Handbook of Ethnography. Paul Atkinson, Amanda Coffey, Sara Delamont, John Lofland, and Lyn Lofland, eds. Pp. 11-25. Thousand Oaks, CA: Sage.

Denzin, Norman K.

1997 Interpretive Ethnography: Ethnographic Practices for the 21st Century. Thousand Oaks, CA: Sage.

Denzin, Norman K., and Yvonna Lincoln, eds.

2000 Handbook of Qualitative Research. 2nd edition. Thousand Oaks, CA: Sage.

2005 The SAGE Handbook of Qualitative Research. 3rd ed. Thousand Oaks, CA: Sage.

Elbow, Peter

1981 Writing with Power: Techniques for Mastering the Writing Process. New York: Oxford University Press.

Emerson, Robert M., and Melvin Pollner

1988 On the Uses of Members' Responses to Researchers' Accounts. Human Organization 47(3):189-198.

Fetterman, David

1989 Ethnographer as Rhetorician: Multiple Audiences Reflect Multiple Realities. Practicing Anthropology 11(2):2, 17-18.

Feyerabend, Paul

1988 Against Method. Rev. edition. New York: Verso.

Fink, Arlene

2005 Conducting Research Literature Reviews: For the Internet and Paper. 2nd edition. Thousand Oaks, CA: Sage.

Fitzsimmons, Stephen J.

1975 The Anthropologist in a Strange Land. Human Organization 34(2): 183-196.

Flemons, Douglas

1998 Writing Between the Lines: Composition in the Social Sciences. New York: W. W. Norton.

Flinders, David J., and Geoffrey E. Mills, eds.

1993 Theory and Concepts in Qualitative Research: Perspectives from the Field. New York: Teachers College Press.

Flower, Linda

1979 Writer-Based Prose: A Cognitive Basis for Problems in Writing. College English 41:19-37.

Flower, Linda, and John R. Hayes

1981 A Cognitive Process Theory of Writing. College Composition and Communication 32:365-387.

Fontana, Andrea

1999 *Review of* The Art of Fieldwork, by Harry F. Wolcott. Contemporary Sociology 28(5):632-633.

Foster, George M.

1969 Applied Anthropology. Boston: Little, Brown.

Frake, Charles O.

1977 Plying Frames Can Be Dangerous. Quarterly Newsletter of the Institute for Comparative Human Development 1(3):1-7.

Galtung, Johan

1990 Theory Formation in Social Research: A Plea for Pluralism. *In* Comparative Methodology. Else Øyen, ed. Pp. 96-112. Newbury Park, CA: Sage.

Geertz, Clifford

1973 Thick Description. *In* The Interpretation of Cultures. New York: Basic Books.

1988 Works and Lives: The Anthropologist as Author. Stanford, CA: Stanford University Press.

2000 Preface to the reissue of The Interpretation of Cultures. New York: Basic Books.

Germano, William

2001 Getting It Published: A Guide for Scholars and Anyone Else Serious about Serious Books. Chicago: University of Chicago Press.

Gills, Scott, ed.

1998 Doing Ethnographic Research: Fieldwork Settings. Thousand Oaks, CA: Sage.

Goodall, H. L (Bud)

2008 Writing Qualitative Inquiry: Self, Stories, and Academic Life. Walnut Creek, CA: Left Coast Press.

Graue, Elizabeth, and Carl Grant, eds.

2000 Review of Educational Research 69(4). [Special issue on the role of reviews in educational research.]

Gruber, Howard E.

1981 Darwin on Man. Chicago: University of Chicago Press.

Gupta, Akhil, and James Ferguson, eds.

1997 Anthropological Locations. Berkeley: University of California Press.

Hacker, Diana

2004 Rules for Writers. Boston: Bedford/St. Martin's.

Hacker, Diana, and Betty Renshaw

1979 A Practical Guide for Writers. Cambridge, MA: Winthrop Publishers.

HFW (See Wolcott, Harry F.)

Hill, Lyle Benjamin

1993 Japanese Students at an American University in Japan: An Ethnography. Unpublished Ph. D. dissertation, College of Education, University of Oregon, Eugene.

Keesing, Roger M., and Felix M. Keesing

1971 New Perspectives in Cultural Anthropology. New York: Holt, Rinehart and Winston.

Kleinman, Arthur

1995 Writing at the Margins: Discourse Between Anthropology and Medicine. Berkeley: University of California Press.

Kratz, Corrine A.

1994 On Telling/Selling a Book by Its Cover. Cultural Anthropology 9(2):179-200.

Kuper, Adam

1999 Culture: The Anthropologist's Account. Cambridge, MA: Harvard University Press.

Lamott, Anne

1994 Bird by Bird: Some Instructions on Writing and Life. New York: Pantheon Books.

Layton, Robert

1997 An Introduction to Theory in Anthropology. New York: Cambridge University Press.

LeCompte, Margaret D., Wendy L. Millroy, and Judith Preissle, eds.

1992 Handbook of Qualitative Research in Education. San Diego, CA: Academic Press.

Lewins, Ann

2007 Using Software in Qualitative Research: A Step-by-Step Guide. London: Sage.

Lewis, Oscar

1961 The Children of Sanchez: Autobiography of a Mexican Family. New York: Random House.

Lincoln, Yvonna, and Egon Guba

1985 Naturalistic Inquiry. Beverly Hills, CA: Sage.

Lomask, Milton

1987 The Biographer's Craft. New York: Harper and Row.

Malinowski, Bronislaw

1922 Argonauts of the Western Pacific: An Account of Native Enterprise and Adventure in the Archipelagoes of Melanesian New Guinea. London: Routledge and Sons.

Marcus, George E., and Michael M. Fischer

1986 Anthropology as Cultural Critique: An Experimental Moment in the Human Sciences. Chicago: University of Chicago Press.

Markham, Annette, and Nancy K. Baym

2009 Internet Inquiry: Conversations About Method. Thousand Oaks, CA: Sage.

Maxwell, Joseph

2005 Qualitative Research Design: An Interactive Approach. Thousand Oaks, CA: Sage.

McCall, Michal M.

2000 Performance Ethnography. *In* Handbook of Qualitative Research. 2nd edition. Norman K. Denzin and Yvonna Lincoln, eds. Pp. 421-433. Thousand Oaks, CA: Sage.

McDermott, Ray

1976 Kids Make Sense: An Ethnographic Account of the Interactional Management of Success and Failure in One First-Grade Classroom. Unpublished Ph. D. dissertation, Stanford University.

Meloy, Judith M.

1993 Writing the Qualitative Dissertation: Understanding by Doing. Hillsdale, NJ: Lawrence Erlbaum.

Merriam, Sharan B.

1998 Qualitative Research and Case Study Applications in Education. San Francisco: Jossey-Bass.

Miles, Matthew B., and A. Michael Huberman

1984 Qualitative Data Analysis. Beverly Hills, CA: Sage.

1994 Qualitative Data Analysis. 2nd edition. Thousand Oaks, CA: Sage.

Mills, Geoffrey

2007 Action Research: A Guide for the Teacher Researcher. 3rd edition. Upper Saddle River, NJ: Merrill Prentice Hall.

Murdock, George Peter

1971 Anthropology 's Mythology. Proceedings of the Royal Anthropological Institute of Great Britain and Ireland for 1971: 17-24.

Nash, Jeffrey

1990 Working at and Working: Computer Fritters. Journal of Contemporary Ethnography 19(2):207-225.

Noblit, George W., and R. Dwight Hare

1988 Meta-Ethnography: Synthesizing Qualitative Studies. Sage Qualitative Research Methods Series, Volume 11. Newbury Park, CA: Sage.

Pan, M. Ling

2008 Preparing Literature Reviews: Qualitative and Quantitative Approaches. 3rd edition. Glendale, CA: Pyrczak Publishers.

Peacock, James L.

1986 The Anthropological Lens: Harsh Light, Soft Focus. New York: Cambridge University Press.

Peshkin, Alan

1985 From Title to Title: The Evolution of Perspective in Naturalistic Inquiry. Anthropology and Education Quarterly 16(3):214-224.

Powell, Walter W.

1985 Getting Into Print: The Decision-Making Process in Scholarly Publishing. Chicago: University of Chicago Press.

Richardson, Laurel

1990 Writing Strategies: Reaching Diverse Audiences. Sage Qualitative Research Methods Series, Volume 21. Newbury Park, CA: Sage.

2000 Writing: A Method of Inquiry. *In* Handbook of Qualitative Research. 2nd edition. Norman K. Denzin and Yvonna S. Lincoln, eds. Pp. 923 – 948. Thousand Oaks, CA: Sage.

Rohner, Ronald P.

1975 They Love Me, They Love Me Not: A Worldwide Study of the Effects of Parental Acceptance and Rejection. New Haven, CT: HRAF Press.

Rohner, Ronald P., and Evelyn C. Rohner

1970 The Kwakiutl Indians of British Columbia. New York: Holt, Rinehart and Winston. [Reissued 1986 by Waveland Press.]

Rubin, Herbert J.

2005 Qualitative Interviewing: The Art of Hearing Data. Thousand Oaks, CA: Sage.

Rudestam, Kjell Erik, and Rae Newton

2007 Surviving Your Dissertation: A Comprehensive Guide to Content and Process. 3rd edition. Thousand Oaks, CA: Sage.

Ryan, Gery, and H. Russell Bernard

2000 Data Management and Analysis Methods. *In* Handbook of Qualitative Research. 2nd edition. Norman K. Denzin and Yvonna S. Lincoln, eds. Pp. 769 – 802. Thousand Oaks, CA: Sage.

Saldaña, Johnny, ed.

2005 Ethnodrama: An Anthology of Reality Theatre. Lanham, MD: Rowman and Littlefield.

Salinas Pedraza, Jesús, in collaboration with H. Russell Bernard

1978 Rc Hnychnyu: The OtomÍ. Volume 1: Geography and Fauna. Albuquerque: University of New Mexico Press.

Sanjek, Roger

1999 Into the Future: Is Anyone Listening? Paper presented at the American Anthropological Association meetings, Chicago.

Seidman, Irving

1991 Interviewing as Qualitative Research: A Guide for Researchers in the Social Sciences. New York: Teachers College Press.

Shostak, Marjorie

1981 Nisa: The Life and Words of a ! Kung Woman. New York. Random House.

Simmons, Leo W., ed.
1942 Sun Chief: The Autobiography of a Hopi Indian. New Haven, CT: Yale University Press.
Smedley, Christine S., Mitchell Allen, and Associates
1993 Getting Your Book Published. Newbury Park, CA: Sage.
Spector, Janet D.
1993 What This Awl Means: Feminist Archaeology at a Wahpeton Dakota Village. St. Paul: Minnesota Historical Society Press.
Stake, Robert E.
1995 The Art of Case Study Research. Thousand Oaks, CA: Sage.
Stein, Gertrude
1937 Everybody's Autobiography. New York: Random House.
Stevens, Michael E., and Steven B. Burg
1997 Editing Historical Documents: A Handbook of Practice. Walnut Creek, CA: AltaMira Press.
Strunk, William, Jr.
1918 The Elements of Style. [Paper written for students at Cornell University and published privately.]
Strunk, William, Jr., and Edward A. Tenney
1934 The Elements of Style. New York: Harcourt, Brace and Co.
Strunk, William, Jr., and E. B. White
1972 Elements of Style. 2nd edition. New York. Macmillan.
Sturges, Keith
Forthcoming. "Lessons Learned: Identity Production of the Modern Program Evaluator." Working Ph. D. dissertation title, Cultural Studies in Education Program, University of Texas.
Taylor, Steven J., and Robert Bogdan
1984 Introduction to Qualitative Research Methods: The Search for Meanings. 2nd edition. New York: John Wiley and Sons.
Thyer, Bruce A.
1994 Successful Publishing in Scholarly Journals. Thousand Oaks, CA: Sage.
Tufte, Edward R.
1983 The Visual Display of Quantitative Information. Cheshire, CT: Graphics Press.
1990 Envisioning Information. Cheshire, CT: Graphics Press.
Van Maanen, John
1988 Tales of the Field: On Writing Ethnography. Chicago: University of Chicago Press.
Wallgren, Anders, Britt Wallgren, Rolf Persson, Ulf Jorner, and Jan-Aage Haaland.
1996 Graphing Statistics & Data. Thousand Oaks, CA: Sage.
Wax, Murray L., Rosalie H. Wax, and Robert V. Dumont, Jr.

1964 Formal Education in an American Indian Community. Supplement to Social Problems 11(4). [Reissued with changes 1989 by Waveland Press.]

Wax, Rosalie H.

1971 Doing Fieldwork: Warnings and Advice. Chicago: University of Chicago Press.

Weitzman, Eben A.

2000 Software and Qualitative Research. *In* Handbook of Qualitative Research. 2nd edition. Norman K. Denzin and Yvonna S. Lincoln, eds. Pp. 803-820. Thousand Oaks, CA: Sage.

Whyte, William F.

1943 Street Corner Society: The Social Structure of an Italian Slum. Chicago: University of Chicago Press.

1955 Street Corner Society: The Social Structure of an Italian Slum. 2nd edition, enlarged. Chicago: University of Chicago Press.

Wolcott, Harry F.

1964 A Kwakiutl Village and Its School. Unpublished Ph. D. dissertation, Stanford University.

1967 A Kwakiutl Village and School. New York: Holt, Rinehart and Winston. [Reissued 1989 by Waveland Press with a new Afterword.]

1973 The Man in the Principal's Office: An Ethnography. New York: Holt, Rinehart and Winston. [Reissued 1984 by Waveland Press with a new Introduction.]

1974a The African Beer Gardens of Bulawayo: Integrated Drinking in a Segregated Society. New Brunswick, NJ: Rutgers Center of Alcohol Studies. Monograph Number 10.

1974b The Elementary School Principal: Notes from a Field Study. *In* Education and Cultural Process: Toward an Anthropology of Education. George D. Spindler, ed. Pp. 176-204. New York: Holt, Rinehart and Winston. [Reissued 1987, 1997 by Waveland Press.]

1975 Introduction. [Special issue on the Ethnography of Schooling.] Human Organization 34(2):109-110.

1977 Teachers Versus Technocrats: An Educational Innovation in Anthropological Perspective. Eugene: Center for Educational Policy and Management, University of Oregon.

1982 Differing Styles of On-Site Research, Or, "If It Isn't Ethnography, What Is It?" Review Journal of Philosophy and Social Science 7(1,2):154-169.

1983a Adequate Schools and Inadequate Education: The Life History of a Sneaky Kid. Anthropology and Education Quarterly 14(1): 3-32. [Reprinted in Transforming Qualitative Data: Description, Analysis, and Interpretation. Thousand Oaks, CA: Sage, 1994.]

1983b A Malay Village That Progress Chose: Sungai Lui and the Institute of Cultural Affairs. Human Organization 42(1): 72-81. [Reprinted in Transforming Qualitative Data: Description, Analysis, and Interpretation. Thousand Oaks, CA: Sage, 1994.]

1987 On Ethnographic Intent. *In* Interpretive Ethnography of Education. George and Louise Spindler, eds. Pp. 37-57. Hillsdale, NJ: Lawrence Erlbaum.

1988 Problem Finding in Qualitative Research. *In* School and Society: Learning Content through Culture. Henry Trueba and C. Delgado-Gaitan, eds. Pp. 11-35. New York: Praeger.

1990a Making a Study "More Ethnographic." Journal of Contemporary Ethnography 19(1): 79-111. [Special Issue. The Presentation of Ethnographic Research.]

1990b Writing Up Qualitative Research. Sage Qualitative Research Methods Series, Volume 20. Newbury Park, CA: Sage.

1991 The Acquisition of Culture: Notes on a Working Paper. *In* Diversity and Design: Studying Culture and the Individual. Mary Jo McGee-Brown, ed. Pp. 22-46. Athens: Proceedings of the Fourth Annual Conference of the Qualitative Research Group, University of Georgia. [Reprinted in Transforming Qualitative Data: Description, Analysis, and Interpretation. Thousand Oaks, CA: Sage, 1994.]

1994 Transforming Qualitative Data: Description, Analysis, and Interpretation. Thousand Oaks, CA: Sage.

1995 The Art of Fieldwork. Walnut Creek, CA: AltaMira Press.

1999a Ethnography: A Way of Seeing. Walnut Creek, CA: AltaMira Press.

1999b Electronic review of Learning in Likely Places: Varieties of Apprenticeship in Japan. John Singleton, ed. NewYork: Cambridge University Press 1998. 376 pages. Indexed in Anthropology and Education Quarterly, Vol 32 (2): 261. Retrieved 31 March 08. http://dev. aaanet. org/sections/cae/aeq/br/singleton2. htm

2001 Writing Up Qualitative Research. 2nd edition. Thousand Oaks, CA: Sage.

2002 Sneaky Kid and Its Aftermath: Ethics and Intimacy in Fieldwork. Walnut Creek, CA: AltaMira Press.

2008a Ethnography: A Way of Seeing. 2nd edition. Lanham, MD: Rowman and Littlefield.

2008b *Electronic Review of* Telling about Society by Howard S. Becker. Teachers College Record. Retrieved 3/20/08: http://www. tcrecord. org/Content. asp? ContentID = 14871.

Woods, Peter

1985 New Songs Played Skillfully: Creativity and Technique in Writing Up Qualitative Research. *In* Issues in Educational Research: QualitativeMethods. Robert G. Burgess, ed. Pp. 86-106. Philadelphia, PA: Falmer Press.

1999 Successful Writing for Qualitative Researchers. London: Routledge.

Yin, Robert K.

1994 Case Study Research: Design and Methods. Thousand Oaks, CA: Sage.
2008 Case Study Research: Design and Methods. 4th ed. Thousand Oaks, CA: Sage.

Zinsser, William K
1976 On Writing Well: An Informal Guide to Writing Nonfiction. New York: Harper & Row.
1998 On Writing Well: The Classic Guide to Writing Nonfiction. 6th edition. New York: HarperCollins.

沃尔科特的质性研究策略树状图

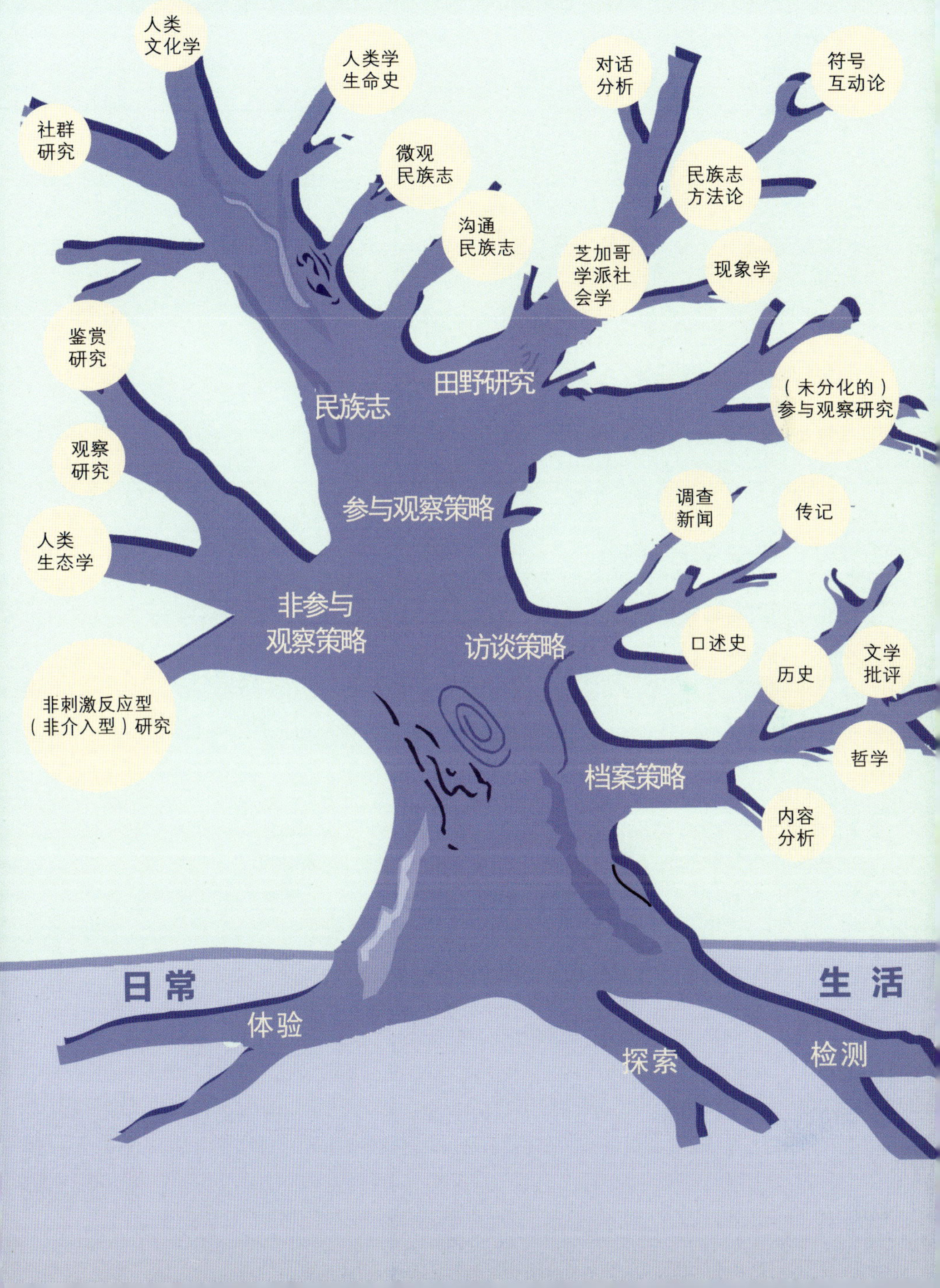

万卷方法

如果你是：

初入学界对写论文完全摸不着头脑，写作论文举步维艰的本科生、研究生；

资历尚浅，面对论文和课题“压力山大”的青年研究者；

面对学生屡教难改，不断重复各种低级错误，疲于指导却又无可奈何的研究生导师。

那么，万卷方法·论文写作系列应该成为你的案头必备。

论文写作系列

《会读才会写：导向论文写作的文献阅读技巧》【菲利普·钟和顺】

《如何做好文献综述》【阿琳·芬克】

《顺利完成硕博论文：关于内容和过程的贴心指导》【克叶尔·埃瑞克·鲁德斯坦，雷·R.牛顿】

《研究设计与写作指导：定性、定量与混合研究的路径》【约翰·W.克雷斯威尔】

《如何撰写研究计划书》【洛柯 等】

《质性研究写起来》【哈利·F.沃尔科特】

《MBA学位论文研究及写作指导（MBA、MPA、MEM、MPAcc等均适用）》【李怀祖 等】

《如何写作规范的论文》【拉尔夫·罗斯诺】

《期刊论文投稿解惑与写作建议》【赵联飞】

《心理学英语论文写作指导：规范表达与简洁文风（社科通用）》【罗伯特·凯尔】

《APA格式：国际社会科学学术写作规范手册》【美国心理学协会】

《如何呈现你的研究发现：表格制作实践指南》【阿德尔海德·A.M.尼科尔，佩妮·M.皮克斯曼】

《如何呈现你的研究发现：插图制作实践指南》【阿德尔海德·A.M.尼科尔，佩妮·M.皮克斯曼】

扫描二维码可获取万卷方法丛书详细书目信息